¡Sssssshhhhhhhhhhh!

Haz del teatro algo íntimo

Llévalo siempre en el bolsillo

Cubierta y diseño editorial: Éride, Diseño Gráfico
Dirección editorial: ángel jiménez

Primera edición: octubre, 2024

las amazonas
© Noelia Pérez
© VdB, 2024
Espronceda, 5
28003 Madrid

VdB®

ISBN: 978-84-19850-76-8
Depósito Legal: M-22487-2024
Diseño y preimpresión: Éride, Diseño Gráfico

Este libro protege el entorno

las amazonas

Noelia Pérez
(1993, Madrid)

Doctoranda en estudios teatrales (UCM). Graduada en Interpretación en Teatro de Texto en la Real Escuela Superior de Arte Dramático (RESAD). Graduada en Filosofía y en el Máster en Teatro y Artes Escénicas (UCM). Cursa el MA Collaborative Theatre Making en Rose Bruford College, Londres.

Fundadora y directora de Evogía. Realizó sus prácticas como ayudante de dirección en Atenas con ATTIS Theatre, con Savvas Stroumpos. Ha recibido la beca como residente de Ayudantía de dirección en el Teatro Español (2022), donde posteriormente ha trabajado como ayudante de dirección en la Lecturas Italianas.

Sus trabajos destacados como directora son: *Escarcha*, *Life on Mars*, *La gala* y *Paradoja de la incertidumbre* finalistas en el Certamen de Jóvenes Creadores de la Comunidad de Madrid. Asi como *THALATTA*, *Firmamento*, *Romeo y Julieta*, *Estrellas cruzadas* (Festival IMPARABLES) y *El Skriker*. Dirige y versiona, *Las Amazonas* (Festival Iberoamericano de Clásicos en Álcala 2022). *Los prodigios*, se estrenó en el Festival Clásicos en Alcalá bajo el programa AUREO, con funciones en Teatros del Canal. Su último proyecto, *La granja*, versiona *Rebelión en la granja*, de Orwell, ha recibido la ayuda PIAD de 21 Distritos.

NOELIA PÉREZ

las amazonas

de Antonio de Solís
versión de Noelia Pérez

Esta obra se estrenó el 25 de junio de 2022, en el Corral de Comedias
C.C. Gilitos de Alcalá de Henares, Madrid, en el marco
del Festival Iberoamericano del Siglo de Oro Clásicos en Alcalá,
interpretada por Marielle Alessandra (MIQUILENE),
Irene Camacho (CAMILA), Jaime Cano (AURELIO / POLIDORO),
Carlos Manrique / Óscar de la Blanca (LUCINDO),
Víctor Meléndez (ASTOLFO), Alba Pineda (JULIA / INDATIRSO)
y Melissa Skrobiszewska (MENALIFE).

.

Dirección: Noelia Pérez.

Personajes

MIQUILENE

CAMILA

AURELIO

POLIDORO

LUCINDO

ASTOLFO

JULIA

INDATIRSO

MENALIFE

Prólogo

El elenco va subiendo al escenario poco a poco, según comienza a desvelar las pruebas y los descubrimientos.

ALBA   Buenas tardes, bienvenidas a nuestro encuentro.
Gracias por asistir hoy.
Tenemos malas noticias:
Lo que tendría que suceder ahora es la representación de la obra *Las Amazonas* de Antonio de Solís.
Pero esta obra no debería representarse.

IRENE   No deberíamos estar hablando de ella.
Prohibida.

ALBA   Esto que acabáis de ver son vídeos de los ensayos que estábamos preparando para representar la obra *Las Amazonas*.

IRENE   Así tenía que haber empezado la obra.
Pero no puede suceder.
No nos dejan.

MARIELLE   Ha habido varias oposiciones a que realicemos esta representación.

ALBA   A día de hoy esto que estamos haciendo, contároslo, resulta un tanto peligroso. Aun así, tenemos que hacerlo.

IRENE   Os vamos a contar uno de los grandes misterios del Siglo de Oro Español.
Y es que Antonio de Solís y su obra *Las Amazonas*, ha sido ocultada.
Hoy os vamos a contar por qué.

ALBA   Antonio de Solís, nacido en Alcalá de Henares. Es conocido como cronista de *La Historia de la conquista de Méjico*.

MARIELLE Descubrimos que también era dramaturgo.

VÍCTOR   Año 1651. Antonio de Solís termina de escribir un texto dramático titulado *Las Amazonas*.

MARIELLE *Las Amazonas,* un texto nunca antes representado desde hace más de tres siglos. Y tampoco sabíamos por qué. Hasta ahora.

VÍCTOR   *Las Amazonas*, un texto prohibido. Hasta ahora.

MARIELLE ¿Por qué se habían empeñado en enterrar en el olvido a un autor como Antonio de Solís? ¿Por qué el texto *Las Amazonas* no había salido a la luz? ¿Y por qué no quieren que salga hoy?

VÍCTOR	Durante la vida de Antonio de Solís esto era impensable. Tuvo un gran éxito. Fue comparado con Góngora.
MARIELLE	Con Homero.
CARLOS	Pueden acercarse ustedes mismas a la Biblioteca Nacional, a comprobar que solo existe un ejemplar de este texto.
JAIME	¿Por qué?
CARLOS	En la Biblioteca Nacional solo existe un ejemplar sin lomo, sin catalogar y sin título.
MELISSA	¿Por qué?
CARLOS	Un ejemplar desconocido de 1681. En la primera página, el nombre de Antonio de Solís. La comedia famosa de *Las Amazonas*. Totalmente desconocida.
MELISSA	Si se dirigen a los archivos de las bibliotecas públicas no encontrarán la obra. Es sólo en la Biblioteca Nacional de España, donde se conserva la comedia: el manuscrito de Antonio de Solís. Un único ejemplar en todo el país de la obra de *Las Amazonas*.
JAIME	Corrijo: Existen también dos tomos perdidos en la librería Galdós de Madrid, con las comedias completas de Antonio de Solís.

CARLOS   Lomo desaparecido.

JAIME   Y el libro intonso.

CARLOS   No hay más publicaciones, ni ediciones críticas.
Y por supuesto, Antonio de Solís no aparece en los libros de texto ni teoría teatral del Siglo de Oro.

MELISSA   Por lo menos en España.
¿Por qué?
¿Quién se ha empeñado en borrarlo de la Historia?

JAIME   Hemos conseguido el único tomo en España de sus obras. Y las páginas están intactas. Como podemos ver: La obra comienza con una suerte de Segismundo.

Jornada Primera
ESCENA 1

CARLOS	Injusto padre mío,
	–que para hacer esclavo mi albedrío
	te vales desta cárcel de la tierra
	en cuyo seno lóbrego se encierra,
	-por decreto del hado- 5
	un mísero infeliz que sepultado
	desde el instante mismo que he nacido
	solo conoce al Sol por el oído–:
JAIME	ya me llama el valor; la gruta oscura
	que es de mi vida impropia sepultura 10
	por entre las junturas desta roca
	parece que desea abrir la boca.
VÍCTOR	Segunda vez a mi valor apelo
	a morir o vencer. ¡Válgame el cielo!

(*Arráncase un peñasco que estará fijó en la frente del teatro, y con él cae envuelto en polvo ves-
tido de pieles y levantase deslumbrado.*)

IRENE	Mas ¿qué nuevo hermoso horror 15
	los ojos me han perturbado,
	que de la luz se ha formado
	otra tiniebla mayor?

ALBA	¡Oh Mundo, con qué temor
	te comienzo a imaginar! 20

MARIELLE   Salgo de un torpe ignorar
a un nüevo comprender
¿y el primer paso del ver
hubo de ser el cegar?

ALBA   Allí la luz de una tea   25
me alumbraba más süave
y aquí en los ojos no cabe
lo que la vista desea.

MELISSA   Parece que me vocea
aquella quietud; volver   30
quisiera a mi antiguo ser
porque más blando pesar
es padecer y esperar
que el conseguir y temer.

CARLOS   Mas ya parece que activos   35
mis ojos van recogiendo
las fuerzas que retiró
la falta de los objetos.

JAIME   Extraña máquina es esta
que descubro; aunque leyendo   40
los libros, aunque estudiando
las facultades que debo
a la piadosa crueldad
de mi padre, –o mi maestro–,
he imaginado las cosas   45
que forjan el Universo

no me las supo explicar
de la forma que las veo.

ALBA Debe de ser porque siempre
lo material del sujeto   50
lo comprende el sentido
mejor que el entendimiento.

IRENE Por las señas que me ha dado
mi padre voy conociendo
las cosas.

MELISSA   Aquel sin duda   55
es árbol.

VÍCTOR   ¡Qué corpulento!

MARIELLE Ave, sí, debe de ser
aquella que cruza el viento;

JAIME animal aquel que ruge;

IRENE flor esta que está encendiendo   60
en púrpura vergonzosa
el verde botón honesto.

MARIELLE No sé qué espíritu grande
me acompaña

MELISSA   que aunque nuevo
para mí cuanto descubro   65
todo me parece menos
que aquello que imaginé.

VÍCTOR ¿Qué habrá, pues, qué habrá que pueda
con este conocimiento
admirarme?

(LUCINDO *dentro.*)

LUCINDO Las mujeres. 70

ASTOLFO ¿Qué escucho? ¡Válgame el cielo!

DENTRO Las mujeres vivan.

MUJERES Vaya
el muy truhán.

LUCINDO Esto es hecho.

ESCENA 2

Cae LUCINDO *como despeñado a los pies de* AS-
TOLFO.

JAIME	Lucindo, gracioso de la obra.

ASTOLFO   ¿Qué es esto? ¿Quién eres, hombre?

LUCINDO   ¿Quién? Yo soy, que me despeño.   75

ASTOLFO   Levántate.

LUCINDO   Así estoy bien.

ASTOLFO   ¿Haste hecho mal?

LUCINDO   No por cierto.
¿Yo me había de hacer mal?
La caída me le ha hecho.

ASTOLFO   ¿Y cómo te sientes?

LUCINDO   Mucho.   80

ASTOLFO   Abre los ojos.

LUCINDO   No puedo.

Astolfo	¿Por qué?
Lucindo	Porque muerto estoy.
Astolfo	Este hombre no está en su acuerdo o es loco.
Lucindo	¡Oisme!
Astolfo	¿Qué dices?
Lucindo	¿Sabéis bien que no estoy muerto? 85
Astolfo	Vivo estás; no hay quien te entienda.
Lucindo	Vivo ¡par diez que lo temo! ¿La pieza de la caída tiene este recibimiento?
Astolfo	¿Qué tienes? Sosiega un poco. 90
Lucindo	Señor tigre no burlemos.
Astolfo	Animal soy de tu especie, hombre soy, no tengas miedo.
Lucindo	Si es hombre es la piel del diablo; desvélese y hablaremos. 95
Astolfo	¿Quién eres? ¿Cómo has caído? ¿Qué tierra es esta? Ya espero

a que me informes de todo
muy por menor.

LUCINDO   En efecto,
¿eres hombre?

ASTOLFO   ¿No lo ves?   100

LUCINDO   Pues hombre del diablo; quedo,
no te oigan ¿cómo estás
en este bosque?

ASTOLFO   ¿Qué es esto?

LUCINDO   ¿En qué osadía fiado
tienes tal atrevimiento?   105

ASTOLFO   ¿Pues qué bosque es este?

LUCINDO   Bien
se te ha visto el no saberlo,
que no pusieras tu vida
en tan evidente riesgo.
Sabe que si aquí me ven   110
contigo…

ASTOLFO   Prosigue.

LUCINDO   Temo
que nos maten.

ASTOLFO   ¿Quién? Acaba.

Lucindo	Las mujeres.

Astolfo	Anda necio.

¿Tú no eres hombre? ¿Pues cómo
de la mujer tienes miedo?   115

Lucindo	¿Eso dices? ¿Tú no sabes

adónde estás?

Astolfo	No te entiendo.

¿La mujer, dime, no – es
animal menos perfecto
que el hombre? ¿No está sujeta   120
a este natural imperio?

Lucindo	Eso será allá en tu tierra;

pero las de acá se han puesto
los calzones, y las barbas
se han subido por el bello.   125

Astolfo	Enigmas son cuantas dices,

ahora te entiendo menos.

Lucindo	Ven acá, ¿nunca ha llegado

a tu noticia el portento
de las amazonas?

Astolfo	¿Quién 130

son las amazonas?

Lucindo	Bueno,

¿no las conoces?

ASTOLFO	No amigo.	
LUCINDO	¿Ni la fama de sus hechos?	
ASTOLFO	También la ignoro.	
LUCINDO	¿Ni sabes el origen de su imperio?	135
ASTOLFO	Tampoco.	
LUCINDO	¿Ni desta tierra las bárbaras leyes?	
ASTOLFO	Menos.	
LUCINDO	Según eso ¿tendrás gana de oírlo todo?	
ASTOLFO	Sí tengo.	
LUCINDO	Pues yo la tengo de hablar.	140
ASTOLFO	Y yo agradecer espero tus noticias.	
LUCINDO	Eso pido.	
ASTOLFO	Pues prosigue.	
LUCINDO	Estame atento. En la cumbre de este monte,	

–chichón del mundo soberbio– 145
la Ciudad de Temiscira,
–del Asia temor un tiempo
corte de la Escitia ahora–,
es joya que adorna el pecho.
Y para que sepas bien 150
su origen y sus progresos
ello fue así; ve conmigo,
sino es que se te hace lejos.
Después de una gran derrota,
que los Escitias padecieron 155
por conspiración cruel
de sus comarcanos mesmos
dieron en hallarse bien
las mujeres de los muertos
con el monjil y las tocas, 160
por mucho mejor teniendo
andar pareciendo dueñas,
que andar padeciendo dueños.
Y juntándose una tarde
en un suntuoso Templo, 165
empezaron a culpar
aquel natural decreto
que hizo inferior la mujer
al hombre, desvaneciendo
lo propio de su valor 170
con la impropiedad del sexo.

ALBA   Las amazonas son un pueblo de mujeres in-
        dependizadas.

MARIELLE Aparecen en la literatura griega desde Hesío-
        do, Virgilio y Palefato.

JAIME	Este último asegura que las amazonas nunca existieron porque es imposible que las mujeres puedan luchar tan ferozmente como los hombres. Sino que se trataban de hombres confundidos con mujeres porque no tenían barba.
IRENE	Aun así, encontramos ánforas que verifican su existencia y su combate contra los hombres.

LUCINDO   Y en fin, todas a una voz
decían:

TODAS   Muera este gremio,
que de nuestra flojedad
ha fabricado su imperio.   175
Mueran.

LUCINDO   repitieron todas,
y unidas se resolvieron
–viéndose en número más
que los hombres– a coserlos
a puñaladas, costura   180
en que todas ofrecieron
sus puntadas; y una noche
–que envuelta en celajes negros
parece que echó el capote
con más horror y más ceño–,   185
a la hora –¡extraño asombro!–
que la quietud –¡duro incendio!–
usurpaba –¡atroz delito!–
las fuerzas –¡horrible empeño!–

---

a los que en descuido inútil   190
la muerte estaban sintiendo,
ellas airadas —¡qué rabia!—
tomaron —¡qué atrevimiento!—
sus puñales —¡qué desdicha!—
y en sus vidas —¡qué despecho!—   195
hicieron, en un instante,
lo fingido verdadero.

JAIME   Lope de Vega. Autor de la obra que acaba de
            nombrar Antonio en este monólogo de for-
            ma tan sutil —*Lo fingido verdadero*—. Parece
            que quería hacerle un guiño al autor.

VÍCTOR   También escribió Lope sobre las amazonas.

MELISSA   Su obra *Las mujeres sin hombres*, también cayó
            en el olvido.

IRENE   *Las justas de Tebas* y *Las grandezas de Ale-
            jandro*.

MARIELLE   Descatalogadas.

IRENE   No hay documentación de su representación.

ALBA   ¿Era peligroso hablar de *Amazonas*?

LUCINDO   Quedaron las señoritas,
            —como digo de mi cuento—,
            a la vista del delito,   200

sin confesar que era feo.
Y hallándose ya empeñadas
en seguir el desacierto
sacan fuerzas de flaqueza,
deponen el culto aseo   205
Arnés acerado visten,
arco manejan violento,
severas leyes pronuncian,
reina eligen que al gobierno
de la paz y de la guerra   210
presida; y en poco tiempo
Europa siente las armas,
el Asia teme su esfuerzo.

MELISSA   *La metamorfosis* de Ovidio.

IRENE   La *Amazonomaquia* de la Acrópolis.

MARIELLE   Pinturas murales de Castello della Manta.

ALBA   Mujeres guerreras, iguales a los hombres. Y
             de las que contaban tantos mitos y leyendas.

· JAIME   En España, sí se hablaba también de amazo-
             nas, solo que aquí han sido ocultas, véase:

ALBA   Las obras de Lope ya mencionadas.

MARIELLE   *Las mujeres de las Indias*, de Tirso de Molina

ALBA   *Las esclavas Amazonas* de María Rosa de
             Gálvez.

MARIELLE	*Las amazonas de España y prodigio de Castilla*, de don Juan del Castillo.
ALBA	*Las amazonas de España*, de Cañizares.

LUCINDO   Mas después, –considerando
que esta máquina iba al suelo   215
sin hombres que les pusiese
lo que les quitaba el tiempo–,
de cuando en cuando se salen
a los comarcanos pueblos
a volver como unas madres,   220
y como unos padres ellos;
donde siempre que ellas quieren
las tienen amor de miedo.
De esta suerte se conservan
hasta hoy, porque en pariendo   225
si es hijo le dan la muerte,
y si es hija el nacimiento
celebran; y luego al punto
le cauterizan el pecho
del diestro lado porque   230
no la embarace el manejo
de las armas, reservando
en el otro el alimento
de las hijas y las crían
entre marciales estruendos.   235

MELISSA	¿Era esto cierto, eran estos seres las amazonas?
JAIME	Según Heródoto, las amazonas eran asesinas de hombres por el mero hecho de serlo.

ALBA	Eran estos monstruos que mataban a sus hijos varones. Que se cortaban un pecho. Que odiaban a los hombres e iban una vez al año a sus aldeas con el único fin de procrear.
IRENE	Encontramos que la obra de Solís se adaptó como ópera en Italia por Giuseppe Doménico Totis.
JAIME	Bajo el título de *La caduta del regno dell'Amazzoni*. La ópera se estrenó el 16 de enero de 1690 en el Palazzo Colonna de Roma.
MARIELLE	Y aquí no sabemos nada ni de *Las Amazonas*, ni de Antonio.
IRENE	¿Por qué tanto interés en ocultarlas?

LUCINDO   Y, en fin, a cualquiera de ellas,
cuando ven que va creciendo,
antes que pueda opilarse,
la hacen tomar el acero.
Este, señor, es el caso   240
para que te quise atento;
estas las fieras mujeres
que ocasionaron mi miedo.
No hay que juzgar que es Historia,
porque juro a Dios que es cierto.   245
Oiga, y cuál se ha quedado;
di señor, ¿estás en esto?
Sin duda ha sido gustoso,
pues te ha divertido el cuento;
¿tú no estás aquí?

ASTOLFO   Asombrado   250
estoy de escucharte.

LUCINDO   Veslo
como ya de mi temor
eres partícipe.

ASTOLFO   Necio,
¿en mí temor?

LUCINDO   ¿Para qué
lo niegas si se te ha puesto   255
la cara más amarilla
que una gualda?

ASTOLFO   De ira tiemblo;
ven acá, ¿suele la ira
producir esos efectos?

LUCINDO   No conozco amarilleces   260
que no son de mi majuelo;
pero ¿con quién te has airado?

ASTOLFO   Con este animal horrendo
de la mujer cuya sangre
me acuerda la lid del pecho   265
que es tan cruel ese monstruo
que mata a sus hijos mesmos;
ni el amor privilegió
al marido, ni al respeto
al padre, ni a todos juntos   270
la semejanza.

| LUCINDO | No niego,
que la semejanza puede
mucho en ellas. |
| ASTOLFO | No te entiendo,
¿por qué? |

| LUCINDO | Porque todas hacen
lo que les parece de ellos. | 275 |

ASTOLFO Y a ti, ¿por qué causa aquí
te han maltratado?

LUCINDO Ese es cuento
bien raro. Sabe que allá
nos tienen cautivo o muerto
al príncipe Polidoro,   280
que de ese vecino reino
de Sarmacia ha conquistado
el amazónico imperio.
Sin querer que le siguiese
más que yo, –porque el secreto   285
de su cuidado sabia–,
y fatigado en el fresco
margen de ese arroyo, quiso
descansar; rindiole el sueño;
guardésele yo en el propio,   290
y así me quedé durmiendo
cuando –Dios nos libre– junto
a mí una amazona veo
que me despierta, arco al hombro,
flecha en mano, malo el gesto,   295
y buena la cara; yo
quedé al verla sin aliento,

porque mi valor está
algo más hondo que el miedo.
Y cuando esperaba ser   300
blanco de una flecha negro
ves aquí que la amazona
se prendió de mis ojuelos,
que son –según ella dijo
en tonillo de requiebro–   305

CAMILA   grave honor de los azules,
dulce afrenta de los negros.

LUCINDO   Acertó a ser la que tiene
la custodia y el gobierno
de las puertas a su cargo   310
y aquella noche dio dentro
de la ciudad con nosotros.
Fuese mi amo contento
con ella, dejóme a mí
en su casa donde muerto   315
ni vivo he sabido de él.
Pasáronme extraños cuentos
con otra que está también
perdida por mí; y viniendo
esta tarde con la una   320
por este bosque al encuentro
nos salió una tropa de ellas.
La mía escurrió temiendo
ser hallada en el delito
de andar con hombres sin tiempo.   325
Las otras sobre el brizar
las mujeres me pusieron

las manos, y de secreto
me echaron.

(Suenan cajas dentro.)

ASTOLFO   Tente, ¿qué es esto?

LUCINDO   Sin duda está cerca el campo   330
de las amazonas.

ASTOLFO   Quedo,
no me estorbes el oído,
déjame escuchar atento.

LUCINDO   ¿Esto te ha sonado bien?

ASTOLFO   Hame sonado a instrumento   335
generoso.

LUCINDO   ¿Generoso?
Antes, señor, es tan terco
y tan villano que a palos
le sacan la voz del cuerpo.
Pero la gente se acerca   340
hacia acá; ocultarme quiero.

ASTOLFO   ¿Por qué?

LUCINDO   Porque si me ven,
que sin el príncipe vuelvo,
me han de matar.

CORO   Aquí está.

LUCINDO   ¡Aquí está! Viven los cielos,   345
que me han visto ya. Pies míos,
corredme si sois discretos.

(Vase. Salen AURELIO *y soldados.)*

ESCENA 3

AURELIO	Llegad todos.	
SOLDADO 1	Aquí está.	
SOLDADO 2	Las señas son que traemos.	
SOLDADO 3	Dichosos habemos sido.	350
AURELIO	Dame la mano.	
ASTOLFO	¿Qué es esto?	

AURELIO   Sármatas, nuestro caudillo
nos ha descubierto el cielo.
Viva nuestro general.

CORO   Viva.

ASTOLFO   ¿Hay más raros sucesos,   355
que los míos?

AURELIO   Las insignias
traed que le adornen luego.

ASTOLFO   Amigos, ¿qué novedad
es esta?

AURELIO	No estéis suspenso.	
	Distante de aquí dos millas	360
	está un ejército grueso	
	de la invencible Sarmacia;	
	a nuestro príncipe han muerto	
	las amazonas; a ti	
	nos da por caudillo el cielo	365
	para esta empresa; tus señas	
	y las del sitio debemos	
	al oráculo de Apolo;	
	mira si queda con esto	
	alguna acción a tus dudas.	370

AURELIO   No estéis suspenso.

<blockquote>

AURELIO   No estéis suspenso.
Distante de aquí dos millas   360
está un ejército grueso
de la invencible Sarmacia;
a nuestro príncipe han muerto
las amazonas; a ti
nos da por caudillo el cielo   365
para esta empresa; tus señas
y las del sitio debemos
al oráculo de Apolo;
mira si queda con esto
alguna acción a tus dudas.   370

ASTOLFO   En fin, ¿los Dioses han hecho
elección de mí?

AURELIO   Los dioses
lo ordenan.

ASTOLFO   ¿Y estáis resueltos
a que yo gobierne?

AURELIO   Sí.

ASTOLFO   ¿Y contra ese monstruo fiero   375
de la mujer marche el campo?

AURELIO   Su sangre apurar queremos.

ASTOLFO   Pues bien podéis prevenir
troncos para los trofeos.

</blockquote>

(*Salen soldados con laurel, espada, bastón y se lo van poniendo.*)

AURELIO   Este es el bastón, tomad,   380
este el invencible acero
y este el laurel.

ASTOLFO   Venga todo,
y tiemble el mundo a mi aliento.
(*Aparte.*)
–Aunque a todas estas cosas,
que toco, descubro y veo   385
la calidad les ignoro,
quiero encubrir mi defeto,
porque si han de obedecerme
estos soldados no quiero,
que piensen que saben más,   390
que es pensar que puedo menos–.
Ea, Soldados: Astolfo,
parto de estas selvas regio,
os alienta; marche el campo,
toca al arma; a sangre y fuego   395
se dé la batalla.

CORO   Viva
Astolfo.

ASTOLFO   No digáis eso.

AURELIO   ¿Pues qué?

ASTOLFO   ¡Mueran las mujeres!

AURELIO   ¡Ea, pues con nuevo aliento
decid mueran las mujeres   400
y viva el caudillo nuestro!

SOLDADO 1 Mueran.

SOLDADO 2 Viva.

ASTOLFO   ¡Oh, qué bien suenan
al valor estos estruendos!

ESCENA 4

AMAZONA 1 Vaya.

AMAZONA 2   Camine el barbado.

AMAZONA 1 Dale.

AMAZONA 2   Pícale.

LUCINDO   ¡Ay de mí!   405

JULIA   Dejadle.

AMAZONA 1
/AMAZONA 2   Viva por ti.

JULIA   Ven conmigo.

LUCINDO   ¡Ay tal enfado!
              (*Salen* LUCINDO y JULIA.)
              Señoras, si por ser hombre
              me dabais lo habéis perdido,   410
              que yo en mi vida lo he sido
              sino solo por mal nombre.
              Miente quien piensa que yo
              soy hombre y serlo merezco;
              y si acaso lo parezco   415
              miento por la barba yo.

JULIA   Sosiega.

LUCINDO   ¡Linda manera!
             Por Dios, que mate, –si voy–,
             a quien piense que no soy
             tan mujer como cualquiera.   420

JULIA   ¿Quién diablos te metió acá?

LUCINDO   Camila acá me metió
             y llevarme prometió
             adonde el príncipe está;
             porque yo no me atreví   425
             a que su gente me hallase
             sin él; ella toma y vase
             dejándome solo aquí,
             que diz que es palacio y yo
             venía mal disfrazado;   430
             cogiéronme y he pasado
             la tanda; mas ya pasó.

JULIA   No te aflijas, que yo sé
             adonde tu amo está.

LUCINDO   ¿Vive?

JULIA   Si.

LUCINDO   ¿Y qué dirá   435
             la reina si aquí me ve?

JULIA   Esos temores reporta
             porque la que no conviene

que te vea es Miquilene,
que la reina poco importa.   440

LUCINDO   ¿Quién es Miquilene?

JULIA   Quien
la que a ninguno perdona.
Una rígida amazona
prima de la reina a quien
tocara el reino quizá   445
si su poca edad no hiciera
que menos acción tuviera.
Pero en esto ¿qué nos va?
Dime ¿en qué estado te hallo
cerca de nuestra amistad?   450

LUCINDO   Yo te tengo voluntad;
¿para qué sirve negarlo?

JULIA   ¿Eso como puede ser
si Camila te enamora
y tú la temes?

LUCINDO   Señora,   455
me da lo que he menester.

JULIA   Ella tratándote está
muy mal; a coces te envía
donde quiere.

LUCINDO   Reina mía,
¿qué importa que dé si da?   460
Esos son puntillos.

JULIA   Y esa
           una indecencia bien rara.

LUCINDO   Con hambre nadie repara
           en el lugar de la mesa.

JULIA   ¿Un hombre se ha de humillar   465
           a vueltas tan inclementes?

LUCINDO   Señora, apretar los dientes
           es mejor que bostezar.

           (*Dentro* CAMILA.)

ESCENA 5

CAMILA   Lucindo.

LUCINDO   ¡Triste de mí!
            Ella es.

JULIA   No importa nada.   470

LUCINDO   Es mujer ocasionada,
            escóndete un poco allí.

JULIA   ¿Yo esconderme?

            (*Sale* CAMILA.)

CAMILA   Ya ha salido
            la reina; mas ¿quién...?

JULIA   Yo soy.

CAMILA   ¿Pues qué haces aquí?

JULIA   Aquí estoy   475
            con Lucido.

LUCINDO   Ella ha querido;
            porque yo la liviandad...
            no puede... Ya no se ve...

mira ella… yo para qué.
Esta es la pura verdad.   480

CAMILA   Sosiéguese usted, que luego
            se verá su pleito. Usted
            mi reina, me haga merced
            de decirme…

LUCINDO   Encendiose el fuego.

CAMILA   Este hombre ha sido mi prenda,   485
            y aunque estoy hecha de hiel
            de ver que ahora me ofenda
            le quiero bien y con él
            estoy gastando mi hacienda.
            Díjele algunos amores,   490
            cayó en oyendo el reclamo,
            debile muchos favores,
            hallele sirviendo a un amo,
            púsele en paños mayores,
            él conmigo se contenta;   495
            yo me he empeñado, ucé intenta
            el hacer venta no más;
            y en este contrato es más
            hacer empeño que venta;
            y así usted se ha de servir   500
            de irse sin más replicar.

JULIA   Yo estoy aquí y no me he de ir.

LUCINDO   Señoras, no hay reparar
            en que yo doy que decir.

CAMILA	Esto que digo ha de ser.	505

JULIA   Difícil es conseguillo.

LUCINDO Ellas deben de creer
que soy algún hombrecillo
que no tengo que perder.

CAMILA   Mi espada será bastante   510
contra proceder tan loco.

JULIA   Obre el valor arrogante.

CAMILA   Yo nunca reñí delante
del galán.

JULIA   Ni yo tampoco.

(*Sale* MENALIFE, *reina.*)

Escena 6

MENALIFE   ¿Qué es esto?

JULIA   Camila, y yo   515
somos amigas y aquí
nos burlamos.

MENALIFE   ¡Ah sí!
¿y es aqueste?

LUCINDO   Ya me vio.

MENALIFE   ¿El criado a quien desea
Polidoro?

LUCINDO   Sí señora,
el mismo soy.

MENALIFE   Pues ahora   520
no es posible que lo vea.

CAMILA   Luego nos veremos.

JULIA   Ya
entiendo.

CAMILA   Habla con recato.

MENALIFE   Aguardad con él un rato
donde os dije.

CAMILA   Bien está.   525

MENALIFE   Oyes, si entra Miquilene
ya entiendes.

CAMILA   Contigo estoy.

LUCINDO   ¿No he de saber dónde voy?

CAMILA   Venga y sabrá donde viene.

            (*Vanse.*)

IRENE   Hay estudios que atribuían esta obra, *Las Amazonas,* a Calderón de la Barca.

MARIELLE   Casualmente, hay pruebas de que Antonio de Solís y Calderón mantuvieron una estrecha relación.

VÍCTOR   Como discípulo y maestro, y… amigos.

IRENE   La investigadora polaca Szyszka Chrzanowska, ya hacía una comparativa entre Astolfo y Segismundo de *La vida es sueño*, la obra de Calderón.

ESCENA 7

MENALIFE	La puerta quiero cerrar;	530
	en grande empeño me veo,	
	yo no entiendo a mi deseo	
	pues se ceba en un pesar.	
	Nadie aquí me puede oír.	
	A mucho me precipito.	535
	¡Qué medroso es el delito!	
	(*Abre otra puerta.*)	
	Segura estoy, quiero abrir.	
	Sin brazos conmigo lucha	
	este amor; yo misma ignoro	
	sus efectos. ¿Polidoro?	540

(*Sale* POLIDORO.)

POLIDORO Menalife, hermosa.

MENALIFE   Escucha,
ayer te empecé a contar
mi intento.

POLIDORO   Rendido estoy;
dispón de mí, tuyo soy.

MENALIFE En fin, ¿te podré fiar   545
mi pecho?

POLIDORO	¿Eso has de decir?
MENALIFE	Difícil la empresa es.
POLIDORO	Ya sabéis mi esfuerzo.
MENALIFE	Pues a escuchar.
POLIDORO	A proseguir. 550

MENALIFE Un mes habrá que amor hizo dichoso
–príncipe de Sarmacia generoso–,
mi pecho con la herida
que fue estrago y lisonja de mi vida.
Viste un retrato mío,   555
halló la vista ociosa el albedrío;
rindiote la pintura,
débele mucho el ocio a la hermosura.
Viniste a verme luego,
si no fue acierto lo intentaste ciego;   560
fue el pretexto la guerra,
no es poca la que mi pecho encierra.
Hablásteme rendido,
descuidose la vista y el oído.
Quísete bien; en fin, dísteme amante   565
fe de esposo; pasemos adelante
que en volverlo a decir quiero andar corta
por llegar más apriesa a lo que importa.
Harta estoy de la fiera Miquilene
el odio que entre el alma impreso tiene;   570
Hoy, pues, la voz renueva entre la gente
de que el reino poseo injustamente,

y tan sagaz los ánimos inclina
que cada instante aguardo mi rüina.
Es tan cruel, tan fiera,   575
que, observando severa
las leyes de este reino independiente,
aborrece los hombres mortalmente.
Nunca ha llegado a verlos;
desto nace quizá el aborrecerlos   580
para salir con ellos a campaña;
que entre nosotras hasta obrar la hazaña
de dar la muerte a alguno
se tiene por infamia que a ninguno
se permitan los ojos ni el oído.   585
Ayer, pues, tuvo edad y hoy ha salido
a buscar el trofeo
que el tiempo hace tratable a su deseo.
Esta, pues, Polidoro, esta es la fiera
que de mí lentamente se apodera;   590
ha de morir si quieres que en mi frente
se tenga la corona fijamente.

POLIDORO   Absorto me ha dejado,
             hermosa Menalife tu cuidado.

MENALIFE   Ya mi temor en vano te previene.   595

POLIDORO   Ven acá, ¿que es tan fiera Miquilene?

MENALIFE   Nada encarezco aunque hablo temerosa.

POLIDORO   Ven acá, ¿que es tu prima tan hermosa?

MENALIFE   ¡Oh, pesia a tu atención o a tu locura!

¿Ahora se te acuerda su hermosura?   600
(*Dan golpes a la puerta. Dentro* MIQUILENE.)
Pero aguarda ¿qué es esto?

Escena 8

MIQUILENE   Abre aquí Menalife.

MENALIFE   Vete presto
que es Miquilene.

POLIDORO   Espera
pues, que importa que agora...

MENALIFE   Bueno fuera
que conmigo te hallara.   605

MIQUILENE   ¿No acabas ya de abrir?

MENALIFE   Anda.

POLIDORO   Repara
en que así de mi esfuerzo desconfías.

MENALIFE   ¡Ah traidor! ya te entiendo;
¿que querías quedarte para vella?

POLIDORO   Con eso has hecho, Menalife bella,   610
decente el esconderme.

MENALIFE   ¡Oh, qué cerca estuviste de perderme!
Entra, la puerta cierro.

> (*Entra por donde salió, y cierra* MENALIFE *la puerta.*)

MIQUILENE   ¿No has oído
mi voz Menalife?

MENALIFE
                    Sin sentido
la turbación me tiene.

MIQUILENE   ¿Te haces fuerte?   615
Mas va, que lo remedio de esta suerte.

> (*Da* MIQUILENE *un golpe a la puerta y cáele la cerraja, y sale muy bizarra con arco y flechas, y con ella todas las amazonas que se pueda, e Indatirso, viejo venerable, atadas las manos atrás.*)

ESCENA 9

MENALIFE   Pues, Miquilene, ¿qué furor?

MIQUILENE   Perdona,
que vengo reventado de amazona;
llegad todas...

MENALIFE   ¿Qué es esto?

MIQUILENE   ...y llegue este espectáculo funesto.   620

MENALIFE   ¿Quién eres, hombre?

INDATIRSO   Soy un desdichado;
todas mis señas con aquesto he dado.

MIQUILENE   Ayer cumplí la edad de la campaña,
y hoy la honrosa ambición de alguna hazaña
del lecho me sacó. El hombre primero   625
que he visto ha sido este esqueleto fiero;
si todos son así, qué hazañería
es dilatar el día
de buscarlos si el vellos
es el medio mejor de aborrecellos.   630

MENALIFE   Pues bien, ¿qué te ha importado
este cautivo para haber entrado
tan loca y descompuesta?

MIQUILENE Templa el modo de hablar o la respuesta...

MENALIFE ¿Pues qué tiene que hablar? Mi empeño
                      [es mucho. 635
         Sí, habla; prosigue, di, que ya te escucho.

MIQUILENE Habla, cautivo di lo que ha pasado.

INDATIRSO La vida al referirlo me ha importado.

MIQUILENE Amazonas, oíd vuestras afrentas.

INDATIRSO Empiezo.

MIQUILENE   Sí.

INDATIRSO   Pues escuchad atentas. 640
         Talestres, vuestra reina,
         que con cetro mejor ahora reina
         en los elíseos campos inducida
         de las grandes hazañas...

MIQUILENE   Por tu vida,
         que me dejes decirlo, 645
         que se turba la voz al referirlo

INDATIRSO En esa gruta estaba a mi cobijo
         de Talestres y de Alejandroel hijo.
         El oráculo advirtió su fortuna
         todos temían la hora inoportuna 650
         en que el joven los rayos del sol viera
         y que el reino de amazonas cayera.
         Hoy el joven salió

de la cueva buscando a su destino.
vendrá la profecía   655
que este reino temía.

MIQUILENE   Invencibles amazonas,
ya es tiempo de que sacuda
vuestra vista estas tinieblas,
que si no ciegan ofuscan.   660
Menalife, vuestra reina,
aunque tan atenta y justa,
en daño de nuestro imperio
torpemente se descuida;
en las caricias del ocio   665
o se adormece o se arrulla.
Ea, fuertes amazonas;
otra vez al mundo luzcan
estos militares rayos
que si no abrasan, no alumbran.   670
El Sármata nos infesta,
su gente estos campos cruza;
ordénenle nuestras huestes,
rechácense ya sus furias.
Desmiéntanse los presagios,   675
muera el que vive en la gruta.
De ese bosque no volvamos
a la sujeción injusta
de los hombres; suene el parche,
gima el bronce, el hierro ruja,   680
y sepa el mundo que vive
una mujer sin segunda,
que aplicando el hombro fuerte
a una maquina caduca

| | supo parar con un brazo | 685 |
| | la rueda de la fortuna. | |

TODAS   Viva la gran Miquilene.

MENALIFE   ¿Qué decís, infame turba?

MIQUILENE   Decid Menalife amigas,
que es nuestra señora augusta.   690

MENALIFE   No quiero deber, ingrata,
tu atención a su locura.

MIQUILENE   Mi intención es solamente
dar a nuestro imperio ayuda.

MENALIFE   Ya te entiendo, yo sabré   695
vengarme de tus astucias.

MIQUILENE   ¿Qué ha de hacer quien siempre ha sido
más hermosa que robusta?

MENALIFE   ¿Qué es eso, amazonas mías?
¿cómo sufrís mis injurias?   700

MIQUILENE   Tuyo es el reino que amparo;
lleva ese cautivo, ayuda,
a mi cuarto, que yo misma
le he de guardar.

MENALIFE   ¡Que esto sufra!
Quien fuere leal me siga.   705

MIQUILENE No te seguirá ninguna,
primero que yo.

MENALIFE   ¡Ah, traidora!
Tu conocerás mi furia.

MIQUILENE Ea, amazonas, la gente
se ordene, el Sármata huya;   710
toca el arma, y todo el orbe
se escandalice o se aturda.

CAMILA   Todas repetid que viva
la que nuestro bien procura.

TODAS   ¡Viva Miquilene!

MIQUILENE   No digáis eso.   715

CAMILA   Pues dinos de lo que gustas.

MIQUILENE Muera el hombre.

TODOS   El hombre muera.

MIQUILENE ¡Oh, cómo el oído adula
esa voz! Muera; que el serlo
es bastante para culpa.   720

MELISSA   Por ahora, tenemos varias obras prohibidas.

VÍCTOR   Cómo veis, estos seres tampoco eran muy
agradables. Se puede entender por qué estaban prohibidos.

CARLOS	Podían haber incitado al odio. Al odio hacia los hombres.
JAIME	Podían ser una advertencia. O rebeldía.
VÍCTOR	¿Era censura? ¿Cancelación?
ALBA	Antonio de Solís queda fuera de la Historia del teatro, olvidado y oculto hasta la fecha.
IRENE	No como su coetáneo Calderón.
CARLOS	Encontramos algo más: Todo comienza a complicarse cuando buscamos en la Biblioteca Nacional la referencia de *Las Amazonas*, en el catálogo.
MELISSA	Si buscamos en el catálogo online el código del manuscrito, podemos ver que no están *Las Amazonas*, ni Antonio de Solís.
ALBA	¿Qué tenemos? *Las armas de la Hermosura* una comedia de Calderón de la Barca.
MELISSA	¿Otra coincidencia?

Jornada Segunda
ESCENA 10

Sale ASTOLFO *enojado, y* AURELIO, *y soldados deteniéndole.*

ASTOLFO	Apartad.
AURELIO	Aguarda.
ALBA	Espera.
MELISSA	Son varias coincidencias, por ejemplo: El argumento.
ASTOLFO	Soldados, dejadme hacer pedazos a esta mujer.
AURELIO	Mira.
IRENE	Advierte.
CARLOS	Considera.
MELISSA	Un personaje también llamado Aurelio.
AURELIO	De Tomiris dando a Ciro, 725 la muerte, un retrato vio

en el Templo y se irritó,
¿no lo miras?

ASTOLFO   Ya lo miro.

MELISSA   Y unas mujeres luchando por sus derechos.

ASTOLFO   Muera el monstruo que me asombra.

AURELIO   Muera; mas ¿no has reparado   730
en que se haya desairado
golpe que hiere en la sombra?

ASTOLFO   Aurelio, yo no te entiendo.

AURELIO

Sosiega y me explicaré.

ASTOLFO   ¿En este Templo no entré?   735
A Júpiter ofreciendo
cuando algo lejos de mí,
volviendo acaso los ojos,
envuelto entre sus enojos
una mujer descubrí   740
que enmarañando el cabello
de un joven su torpe mano
con el acero inhumano
le estaba segando el cuello;
y que después le cebaba   745
en la injusta alevosía,
y en la sangre que vertía,
parece que le anegaba.

MELISSA	Mujeres envueltas en hazañas políticas y bélicas. Muy lejos de lo que ocurría en el Siglo de Oro.

ASTOLFO ¿Pues por qué no he de llevarme
del afecto del hombre al ver   750
la crueldad de una mujer?

AURELIO
¿No acabáis de escucharme?
Eso que te pareció
mujer es una pintura
en cuyo primor se apura   755
cuanto el arte imaginó.
De Ciro muerto a las manos
de Tomiris, representa
la imagen.

ASTOLFO (*Aparte.*)
                    Mi ingenio intenta
crecer con intentos vanos.   760
Emendar mi error ahora
ha de intentar mi cordura.
(*A* AURELIO.)
Ven acá, ¿no es la pintura
imitación?

AURELIO   ¿Quién lo ignora?

ASTOLFO Pues ¡pesia al necio pintor!   765
¿con qué puede disculpar
—ya que se puso a imitar—
el imitar lo peor?

Si una mujer ha podido
dar doración tan cruel   770
¿por qué no dejó el pincel
hacer oficio al olvido?
Claro está que está pintado,
eso nunca lo dudé;
solo de ver me enojé   775
lo malo bien imitado.
Ea pues, echad del Templo
a esa mujer, ¿qué aguardáis?
Rompedla, ajadla ¿no vais?

AURELIO   Obedeced, así templo   780
               su enojo.

ASTOLFO   (*Aparte.*)
                        Así persuado
               a que no erró mi sentido
               y pasa por advertido
               aquello que fue ignorado.

AURELIO   ¡Rara inquietud!

ASTOLFO   ¡Que al gran Ciro   785
               una mujer le acabase
               y entre su sangre anegase
               su postrimero suspiro!

AURELIO   ¿Qué tienes?

ASTOLFO   Aurelio amigo,
               ¿que es tan cruel la mujer?   790

¿que tiene tanto poder
este común enemigo?

AURELIO   En lo que te veo dudar,
me parece...

ASTOLFO   No prosigas,
que antes que tú me lo digas   795
te lo quiero yo fiar;
que siendo noble y honrado,
bien podrás inadvertido
decir lo que tú has sabido
mas no lo que te han fiado.   800
Es verdad, rústico soy;
en estas selvas nací;
solo a un padre conocí
que agora buscando voy.
Ayer vi la luz primera;   805
mi antigua cuna fue dentro
de esa gruta donde el centro
me quiso servir de esfera.
Desto nace ser tan rudo
mi nuevo conocimiento   810
que solo mi entendimiento
se conoce en lo que dudo.
No diga, pues, tu arrogancia
defectos de mi experiencia;
que no fio mi paciencia   815
porque fio mi ignorancia.

AURELIO

Deja a tu ingenio cruel
sin que del dudar se ofenda,

que si no es saber es senda
el dudar para el saber.   820
Y viene a ser el dudar
del saber tan cierta seña
que puede decir que enseña
el que sabe preguntar.

ASTOLFO   Pues ya que puedo vencer   825
esta ignorancia en que estoy
sabe, Aurelio, que hasta hoy
no he visto alguna mujer.
Y como en los libros leo
que es tan cruel e irritada,   830
nunca ha perdonado nada
de lo atroz ni de lo feo,
quisiera, amigo, saber
con qué hechizo o con qué encanto
una mujer puede tanto;   835
para enseñarme a vencer
los ardides de su engaño,
por ver si al peligro atento
puedo hacer que el escarmiento
llegue primero que el daño.   840

MELISSA   ¿Qué había que vencer tanto de la mujer?

MARIELLE   ¿Qué enemigo era este, amazonas o doncellas?

ALBA   ¿Qué pasa con esta obra?

IRENE   ¿Qué tiene de peligroso esto, que siempre nos han visto así?

MELISSA	¿Lo era entonces?

AURELIO   La fuerza de sus enojos
mayor, lo más inhumano
de su obrar, no está en su mano.

ASTOLFO   Pues ¿dónde está?

AURELIO   En nuestros ojos.

ASTOLFO   Pues un sentido que es mío,   845
¿ha de ser mi opuesto?

AURELIO   Sí.

ASTOLFO   ¿Y quién podrá contra mí
irritarle?

AURELIO   Tu albedrio.

ASTOLFO   ¿Ese no es libre?

AURELIO   Es verdad.

ASTOLFO   Pues ¿cómo su daño elige?   850

AURELIO   Porque no es él quien se rige.

ASTOLFO   Pues ¿quién es?

AURELIO   La voluntad.

ASTOLFO   ¿Y el entendimiento?

AURELIO	Errado
	se deja della vencer.

ASTOLFO	Pues ¿no tiene más poder?	855

AURELIO	Sí, pero menos cuidado.

ASTOLFO	¿De la razón los consejos
	no escucha?

AURELIO	Tal vez la ve.

ASTOLFO	¿La conoce?

AURELIO	No.

ASTOLFO	¿Por qué?

AURELIO	Porque se la ponen lejos.	860

ASTOLFO	¿Y la atención?

AURELIO	La atención
	en la belleza se apura.

ASTOLFO	Pues ven acá, ¿la hermosura
	puede más que la razón?

AURELIO	Sí, Astolfo.

ASTOLFO	¡Que tal se diga!	865
	¡Qué importa que más agrade!

AURELIO	Mira, la razón persuade pero la hermosura obliga.	
ASTOLFO	Aurelio, en resolución yo aborrezco las mujeres.	870
AURELIO	Astolfo, aunque no las quieres guárdate de la ocasión.	
ASTOLFO	Yo las he de aborrecer.	
AURELIO	No podrás aborrecerlas.	
ASTOLFO	Digo que no puedo verlas.	875
AURELIO	Si las ves las podrás ver.	
ASTOLFO	Airado estoy y advertido.	
AURELIO	Triunfarán de tus enojos.	
ASTOLFO	Sacareme yo los ojos.	
AURELIO	Se entrarán por el oído.	880
ASTOLFO	Yo no acabo de entenderte, ¿mi oído me ha de vencer? ¿Eso cómo puede ser? (*Cantan.*) Pero escucha.	
AURELIO	De esta suerte.	

ASTOLFO   ¿Es esa mujer? ¡Qué ruido   885
tan dulce y tan oportuno!

AURELIO   Astolfo, este es el uno
de los riesgos del oído;
por esta lisonja atroz
tal vez se duda o se ignora.   890

ASTOLFO   ¡Ah! No discurras ahora;
déjame, pesia a tu voz.

ALBA   Siempre hemos sido algo así como las sirenas.

(*Cantan dentro.*)

Canción:

Están las fieras en la calle
Han salido con sus hachas
A devorar las señales   895
El pasmo del universo
Y este, en fin, es el mayor
Escándalo de los tiempos

ASTOLFO   Y ven acá, ¿estas que oímos
son mujeres?

AURELIO   Sí.

ASTOLFO   ¿Qué dices?   900
¿Mujeres son? (*Aparte*) Ahora digo
que pueden temer los ojos
si son como los oídos.

AURELIO   ¿Qué dices?

ASTOLFO   Nada, que vayas
           (*Aparte.*)
           –vuelva a recogerse el brío–   905
           y dispongas nuestra gente
           porque mañana imagino
           dar el asalto; supuesto
           que esta música es indicio
           de que se ha entregado al ocio   910
           el valor del enemigo;
           (*Aparte.*)
           porque se vaya y me deje
           escuchar esto he fingido.

           (*Vuelven a cantar.*)

Canción:
_____

           ¿Quién conoce el amor, mortales?
           ¿Quién conoce el amor?   915

ASTOLFO   Pero otra vez la armonía
           me arrebata los sentidos.

           (*Reclínase sobre el peñasco, que cayó de la gruta
           al principio de la comedia y vuelven a cantar.*)

ASTOLFO   Parece que turba el sueño
           de los ojos el oficio.
           Dulcísima voz defiende   920
           por un rato los oídos.

(*Quedase* Astolfo *dormido y dicen dentro* Miquilene, Julia, *y amazonas.*)

ESCENA 11

MIQUILENE	Dejad de cantar, villanas.
	¿Ahora informáis lo limpio
	a la ira con la vileza
	de esos rumores festivos? 925
	¡Ah canalla! ¡El enemigo
	a la vista, y estáis llamando
	al ocio con incentivos!

JULIA   Señora, la reina…

MIQUILENE   ¿Quién?

CAMILA   La reina gustó de oírnos   930
                 después que desde una reja
                 de esa quinta dio motivo
                 con un tono.

MIQUILENE   Bien está,
                 o cómo es achaque antiguo
                 para buscar la disculpa   935
                 autorizar el delito.
                 ¿No os vais?

JULIA   ¿Te has de quedar sola?

MIQUILENE El compañero más digno
de mí será mi valor
él se quedará conmigo.   940

(Vanse las criadas.)

Escena 12

MIQUILENE   Deberase al brazo mío
la muerte, y vuestro sosiego;
llego pues. Pero ¿qué miro?
Junto a la rustica puerta,
sobre un erizado risco,   945
el monstruo que voy buscando
o muerto yace o dormido.
¿Si antes que yo pudo alguno
darle muerte? ¡Oh, qué remiso
mi enojo ha estado! Yo quiero   950
llegar a ver si está vivo,
y es ira en mí el desear
la vida del enemigo.
Vivo está, albricias enojos,
que con afán sucesivo   955
se siente en su aliento el aire
arrojado o recogido.
Y si bien reparo en él,
agora que el viento mismo
mudo me dice por señas,   960
que callará mi delito...
No es tan formidable, no,
como mi enojo creía;
antes –despacio, alma mía–
parece que me agradó,   965
yo me aparto; pero no
me aparto. ¡Terrible empeño!

¿Qué es esto, monstruo halagüeño?
¿Dónde la industria has hallado
de producir el cuidado   970
y quedarte con el sueño?
No sé qué lisonja grata
cautiva mi resistencia
como que es una violencia
que sin violencia arrebata 975
enojos que nos dilata.
¿Dónde está la imitación
de que os armó la razón?
Mas ¿quién os dijera, enojos,
que habían de estar los ojos   980
tan cerca del corazón?
Amor sin duda –ay de mí–
del hombre, pero ¿qué digo?
¿Hombre y amor en mis labios
y no me vuelvo a mi estilo?   985
¡Ay Miquilene! ¿qué es esto?
¿Adónde estás valor mío?
Muera este monstruo a mis manos;
al arco la flecha arrimo,
la veloz pluma a la mano,   990
la mano al nervio torcido,
(*Va a tirarle y se detiene.*)
y volviendo la atención
al blanco… mas ¡qué atrevido
semblante! ¡Qué generoso
agrado! ¡Qué dulce hechizo!   995
Para obligar mi piedad
se está fingiendo rendido.
Pero ¿por qué no me acuerdo

de que es este aquel prodigio
hijo de la vil Talestres,   1000
del vil Alejandro hijo,
y que al ver la luz del Sol
caerá nuestro imperio invicto
a los pies de la fortuna?
Muera, pues, muera dormido;   1005
porque cuando abra los ojos
no se cumpla el vaticinio.
Esto ha de ser, muera.

ASTOLFO   ¿Quién?
(*Vale a tirar, y despierta* ASTOLFO, *y ella se detiene.*)
¿Quién a llegar se ha atrevido
donde yo...? Pero ¿qué veo?   1010
Detente, suspende el tiro
hermosa deidad. ¿Quién eres?
¿Quién eres bello prodigio
que me han robado los ojos
todos los demás sentidos?   1015

MIQUILENE   Una mujer soy.

ASTOLFO   ¿Qué dices?
¿Mujer eres? Ahora digo
que pueden temer los ojos
pues son como los oídos.

MIQUILENE   Defiéndete ya que abriste   1020
los ojos y se ha cumplido
el presagio; que no quiero

que me des lo que mis bríos
pueden quitarte y que digas
que haces la guerra conmigo.   1025

ASTOLFO   Pues ¿por qué, hermosa homicida,
–cuya belleza ha podido
alumbrar en un instante
tinieblas de todo un siglo...?–
Pues ¿por qué contra mí empuñas   1030
ese acero vengativo?
¿Qué hay en mí que te merezca
tanto rigor? ¿Qué delito
tan felizmente me culpa
que merece tu castigo?   1035
¿Dónde camina ese arpón
que el arco tiene oprimido?
Si al corazón ¿para qué,
cuando a esos ojos esquivos
con no sé qué oculta flecha   1040
le tiene ya tan heridos
que al ver en mi pecho el golpe
llegaré a sentir yo mismo
el desaire de tu brazo,
en la ociosidad del tiro?   1045
(*Deja caer el arco* MIQUILENE.)
Mira que el arco y la flecha,
señora, se te ha caído;
no porque sobren tus armas
merecen tus desperdicios.
Guarda, a esos descuidos tuyos   1050
para estos cuidados míos,
vuelve a cobrar.

MIQUILENE   Calla, encanto
de mis enojos altivos;
no injuries más mi valor;
no des más fuerza al hechizo   1055
que si poco ha que durmiendo
sobre ese rústico arrimo
pudiste conmigo tanto
¿qué no has de poder conmigo
cuando la voz y los ojos   1060
tu elocuencia han socorrido?

ASTOLFO   ¿Qué es esto que siento en mí,
bellísimo asombro mío?
¿Qué veneno por los ojos
en el alma has infundido?   1065

MIQUILENE Joven gallardo ¿qué es esto,
que empezó poco sencillo
y se va haciendo cuidado
cada instante que te miro?

ASTOLFO   Parece que acá en el pecho   1070
siento un ardor indistinto
que consume como ardiente
y regala como tibio.

MIQUILENE Parece que vas quitando
la libertad al sentido   1075
sin que eche menos el alma
la falta de albedrio.

ASTOLFO   ¿Es esto quererte bien?

MIQUILENE   ¿Es esto haberme rendido?

ASTOLFO   Mas ¿dónde voy? ¿Cómo tanto   1080
de mi corazón me olvido?

MIQUILENE   ¿Mas dónde voy? ¿Que se han hecho
mis enojos vengativos?

ASTOLFO   Mujer, vete de mis ojos.

MIQUILENE   Hombre, vete de los míos.   1085

ASTOLFO   La vida tienes ¿qué esperas?

MIQUILENE   Ea, ya te dejo vivo.

ASTOLFO   Por no matarte me voy.

MIQUILENE   En fin, ¿te vas?

ASTOLFO   Si me has dicho
que me vaya, ¿qué he de hacer?   1090

MIQUILENE   ¡Qué presto has obedecido!
¿Y tú me dejabas ir?

ASTOLFO   Que poco puedo contigo.

ESCENA 13

Dentro CAMILA *e* INDATIRSO, *cada uno por la su puerta.*

CAMILA   Miquilene.

INDATIRSO: Astolfo.

MIQUILENE   ¿Quién
me ha llamado?

ASTOLFO   ¿A quién he oído   1095
mi nombre?

MIQUILENE   ¿Astolfo te llamas?

ASTOLFO   Y tú, hermoso encanto mío
¿Miquilene?

MIQUILENE   No quisiera
que pudieran descubrirnos
mis amazonas.

ASTOLFO   Yo temo   1100
de mis soldados lo mismo.

CAMILA   ¡Ha del bosque!

INDATIRSO   ¡Ha de la selva!

CAMILA   ¡Miquilene!

INDATIRSO   ¡Astolfo invicto!

MIQUILENE Ya están más cerca.

ASTOLFO   Ya llegan.

MIQUILENE Pues mejor es dividirnos.

ASTOLFO   ¿En qué quedamos?

MIQUILENE   Yo muerta;   1105
¿y tu cómo vas?

ASTOLFO   Rendido.

MIQUILENE ¿Me olvidarás?

ASTOLFO   No es posible.

MIQUILENE ¿Y me verás?

ASTOLFO   Es preciso.

MIQUILENE ¿Cómo ha de ser?

ASTOLFO   Eso queda
por cuenta del valor mío.   1110

MIQUILENE Pues adiós.

ASTOLFO   Adiós.

(Vase cada uno por la puerta, sale INDATIRSO *con una cadena al pie, cogida en el brazo y le detiene* ASTOLFO.*)*

Escena 14

INDATIRSO   Astolfo.
            ¿dónde vas?

ASTOLFO   Padre Indatirso.

MELISSA   Poco después del estreno de esta obra, Antonio de Solís tomó una decisión extraña.

JAIME   Aun no se conocen los motivos.

IRENE   Se ocultó de la sociedad.

INDATIRSO Dame los brazos que yo
           tu muerte había creído
           como no te hallé en la gruta.   1115

ASTOLFO   ¿Qué cadena es esta?

INDATIRSO   ¡Ay, hijo!
           Mucho menos me congoja
           mi prisión que tu peligro.
           Apenas ayer salí
           —mientras quedabas dormido—   1120
           de esa gruta, cuando —ay, cielos!—
           el temor de este distrito,
           la más rígida amazona

de este imperio vengativo
me cautivó.

ASTOLFO   Pues ¿qué temes   1125
si ya estás libre y conmigo?

INDATIRSO   ¡Ay, Astolfo! Que temiendo
la muerte el raro prodigio
de tu vida, disfrazado,
–yerro fue, el miedo lo hizo–   1130
y esta amazona, después
que sabe tu alto principio
darte la muerte ha resuelto.

ASTOLFO   De suerte que ha merecido,
–antes que yo–, esa amazona   1135
saber quién soy y conmigo
siempre cruel...

INDATIRSO   Ya no es tiempo,
ay Astolfo, de encubrirlo
que es menester tu valor;
y si hoy está adormecido   1140
con tu propia obligación
he de recordar tus bríos.
Talestres, –heroica reina
del nunca imperio vencido
de las amazonas–, fue   1145
tu madre. Alejandro invicto,
–cuya prodigiosa historia
muchas veces te he leído–,
tu padre.

ASTOLFO	Eso sí, que estaba
	mi valor como oprimido;	1150
	y ha mucho que mi discurso
	anda huyendo de mí mismo.
	Ya; pero negarme al cielo
	y a la luz del Sol ¿no ha sido
	crueldad?

INDATIRSO   Sí, pero crueldad   1155
religiosa del arbitrio
de tu madre, a quien la voz
del grande Apolo predijo
la ruina de su imperio
cuando sus rayos benignos   1160
llegasen a ver tus ojos.

ASTOLFO   Y esa amazona que ha dicho
que sale a darme la muerte
¿quién es?

INDATIRSO   El mayor prodigio
de la Escitia, Miquilene.   1165

ASTOLFO   ¡Válgame el cielo divino!
Toda mi vida es asombros.
¿Y tú por dónde has salido
de esa prisión?

INDATIRSO   Eso, Astolfo
seguro estoy; ven conmigo,   1170
que esto es lo que más importa
y lo que aquí me ha traído.

Aventurando mi vida
pues yo vengo a darte aviso
de que Miquilene intenta   1175
cortar de tu vida el hilo.
 De Sarmacia está a la vista
un ejército lucido;
en él busca tu defensa
y ven contra tu enemigo.   1180
De esta cueva en que naciste
el encubierto portillo
te puede dar la victoria;
nadie la maña ha sabido
desde que murió tu madre.   1185
Yo vuelvo a estarme cautivo
por desmentir la sospecha;
sin los afanes del sitio,
será tuya Temiscira.
 En poco tiempo te he dicho   1190
muchas cosas; el remedio
no es difícil y es preciso;
pásese, pues, a las manos
la atención de los oídos.

ASTOLFO   Padre, señor o maestro   1195
             o lo que es mejor, amigo,
             ¿de suerte que hasta el palacio
             (*Aparte.*)
             –amor ya hallaste el camino
             para que entre la esperanza
             a fabricar tus alivios–   1200
             corre esa mina?

Indatirso	Sí, Astolfo; y para en el cuarto mismo de la fuerte Miquilene.
Astolfo	¿Qué dices?
Indatirso	Lo que has oído.
Astolfo	Al punto a la gruta vuelvo.	1205
Indatirso	A mi prisión me retiro; quédate con Dios, Astolfo.
Astolfo	Vete con Dios, Indatirso.
Indatirso	Silencio, y hable el esfuerzo.
Astolfo	Cuidado, y hable el destino.	1210

Indatirso   Sí, Astolfo;
y para en el cuarto mismo
de la fuerte Miquilene.

Astolfo   ¿Qué dices?

Indatirso   Lo que has oído.

Astolfo   Al punto a la gruta vuelvo.   1205

Indatirso   A mi prisión me retiro;
quédate con Dios, Astolfo.

Astolfo   Vete con Dios, Indatirso.

Indatirso   Silencio, y hable el esfuerzo.

Astolfo   Cuidado, y hable el destino.   1210

Irene   Frederich Serralta en su biografía sobre Antonio de Solís, habla de su retirada misteriosa. Dice así:

Carlos   Desengañado de las vanidades del mundo, se consagró totalmente al cielo, sirviendo a Dios en el Sacerdocio.

Jaime   Quiso borrar sus comedias con llanto, aunque tan cuerdas, y tan decentes.

Melissa   No se inclinó por ruegos algunos, ni aun por preceptos muy soberanos, a componer Autos sacramentales muerto Don Pedro

Calderón de la Barca, el nuevo Apolo de nuestro siglo.

JAIME   Se ha encontrado la correspondencia entre Calderón y Antonio de Solís.

MELISSA   En estas cartas que hemos encontrado podemos ver cómo hablaban de su tremenda pasión por la mitología.

Carta:

Querido Pedro,
Gracias por abrirme el mundo de la literatura y el pecho. Desde Eros y Psique hasta Perséfone, nunca pensé que la vida se parecería tanto al mito. Las amazonas de las que me hablas son mujeres que no existen; quizás como nosotros, que solo nos encontraremos entre las letras de esta tinta que ahora te toca la yema de los dedos. Si nuestras plumas se enredaran para escribir sobre seres de otro mundo, ¿lo haríamos posible?

Escena 15

JULIA   Aquí podremos hablar,
que hasta muy tarde no viene
a su cuarto Miquilene.

LUCINDO   ¿Y me puedo asegurar?

JULIA   No te venza el miedo.

LUCINDO   No;   1215
diz que vencerme tenía.
Es el miedo, Julia mía,
tan cobarde como yo,
y a ser más valiente vengo
tal vez, –porque el miedo huyera–,   1220
como yo no le tuviera;
pero yo siempre lo tengo.

JULIA   Miquilene, –como digo–,
viene muy tarde y así
por más seguro elegí   1225
para que hablases conmigo
su cuarto, porque Camila
no es posible imaginar
que estás aquí.

LUCINDO   Fuera dar
con todo al traste.

JULIA   Seguila,   1230
y allá en el cuarto quedaba
de la reina entretenida;
y la reina divertida
con tu amo se bajaba
hacia el jardín.

LUCINDO   ¿Que no sea   1235
posible dejarme ver
a mi amo?

JULIA   Podrá ser
que él esta noche te vea.

LUCINDO   Ya lo deseo infinito.

JULIA   Hablemos de nuestro amor.   1240

LUCINDO   Bien dices, eso es mejor.

         (*Sale* CAMILA *al paño, y se detiene, recatándose.*)

Escena 16

Camila	Aquí están en el cuartito.
Lucindo	En fin, ¿reñisteis por mí Camila y tú?
Julia	Sí, reñimos, mas luego nos compusimos 1245 poniendo entrambas en ti nuestra razón para que prosiga la que eligieres y sufra la que excluyeres.
Camila	A qué buen tiempo llegué. 1250
Lucindo	Si esto a mi voto ha de ser gran batalla se te ofrece.
Julia	¿Por qué?
Lucindo	Porque me parece, que a la otra he de escoger.
Camila	Eso sí.
Julia	¡Que esta respuesta 1255 aguarde! Pues ¿qué razón halla en ella tu elección?

LUCINDO   ¿Qué razón preguntas? Esta:
Camila muestra cabal
su fe al dar al que la ve;   1260
pero tiene un no sé qué
que es fea y parece mal.
Sus ojos son pequeñitos
y bizcamente dudaron
¿cómo no se los rasgaron   1265
porque estaban mal escritos?
Su boca es chirlo crecido
que de oreja a oreja crece
y de ambos lados parece
que puede hablar al oído.   1270
En esta boca imperfecta
reina el cruel neguijón
y en ella los dientes son
negrillos con tanta geta.
En una joroba oculto   1275
dice el talle: *yo no fui*
quien esta espalda escogí,
que me la dieron a bulto.
Mas con ser todo tan fiero,
y tanta su imperfección,   1280
tiene una fuerte razón
en tener mucho dinero.
Y si mi voto has quedado,
pienso que peligrarás;
porque aunque te quiero más,   1285
estoy de ella más pagado.

JULIA   Estaba yo por matarte
a coces.

(*Sale* Camila.)

Camila	Yo ayudaré que mi pintura escuché.

(*Péganle.*)

Lucindo	Muerto estoy de parte a parte.	1290
Camila	Venga acá y vamos al caso.	
Lucindo	Justicia a los cielos pido.	
Camila	Yo digo, Julia, que envido.	
Julia	Yo que quiero.	
Lucindo	Yo que paso; favor cielos soberanos.	1295
Camila	¿Qué quieres?	
Lucindo	¿Que he de querer? Que esta es la primer mujer que me ha puesto a mí las manos, y vive Dios que también se las quiero poner yo.	1300
Camila	¿Quién tal desvergüenza vio?	
Lucindo	Usted no me entiende bien.	
Camila	¿Qué hace, pues que no se explica?	

LUCINDO   Mire usted, si allá
se ponen como quien da   1305
y acá como quien suplica…

CAMILA   Ni aquello –según me entibia
su modo– no ha de tener.

LUCINDO   Pues si aquello he de volver
vaya usted por agua tibia.   1310

JULIA   Tente, Camila, Polidoro viene.

CAMILA   Pues si este cuarto es de Miquilene
¿cómo se atreve a entrar?

LUCINDO   Sea bienvenido;
si se tardara un poco soy perdido.

JULIA   ¿No ves que sin aliento, y que turbado   1315
viene?

CAMILA   Y la reina al otro lado
le hace señas con semblante fiero.

JULIA   ¿Qué será?

CAMILA   No lo sé.

JULIA   La luz han muerto
de esotra pieza.

CAMILA   ¿Hay confusión más rara?

JULIA   Ya van saliendo.

CAMILA   Veamos en qué para.   1320

Carta:
_____

Querido Antonio,
Ojalá fuera tan fácil la vida misma como lo
es en las palabras, en los versos, en las letras,
en los acentos.
Ojalá existiéramos solo en los sueños, en la
tinta.
Escribir sobre amazonas, sobre mitos, perte-
nece al mundo del ingenio.
Todavía no has alcanzado la madurez literaria
para ello. Deja este tema que otros escribirá
mejor sobre lo soñado. No debes entrar en es-
tos relatos.
Guarda esta obra, quémala y apártate del tea-
tro.
No es lugar para soñar el terreno de los gran-
des autores.

VÍCTOR   Calderón advierte a Antonio que no es una
            buena idea.

MARIELLE   ¿Tiene esto algo que ver con la retirada de
            Antonio de Solís al sacerdocio?

VÍCTOR   ¿O con ese enorme parecido entre *Las Ama-*
            zonas y *Las armas de la hermosura?*

MARIELLE   ¿Era admiración lo que había entre Calderón y Antonio?

VÍCTOR   ¿Era su historia también algo prohibido?

(Salen MENALIFE, *y* POLIDORO *como recatándose, asustados.)*

ESCENA 17

MENALIFE	Camila, mira desde ahí si viene
	mi prima Miquilene,
	que estando en el jardín con Polidoro,
	–si fue malicia o presunción ignoro–,
	nos fue siguiendo, y viendo que guiaba 1325
	hacia mi cuarto y que del suyo estaba
	más cerca, fue preciso
	el entrarnos en él y así se hizo.

LUCINDO   Señor, ¿no hay más hablar?

POLIDORO   Lucindo amigo,
           luego hablaremos largo; ven conmigo. 1330

MENALIFE   No pienso que me ha visto.

JULIA   Ella os trae buenos.

POLIDORO   Al salir del jardín yo por lo menos
           me hallé bien cerca della.

MENALIFE   Ya sé, traidor, que por volver a vella
           pusiste en contingencia mi recato.   1335

POLIDORO   ¿Yo, Menalife mía?

MENALIFE   Calla, ingrato.

POLIDORO   Sabe amor...

MENALIFE   Yo conozco tus antojos.

POLIDORO   ¿Qué mis ojos?

MENALIFE   No me hables de tus ojos,
que si andan en mi ofensa,
no pararé hasta verlos en mis manos.   1340

CAMILA   Señora aguarda, que viene
tu prima si no me engaño.

MENALIFE   ¿Qué dices? ¡Válgame el cielo!
¡Oh, cómo se ha asustado
el valor en el delito!   1345

POLIDORO   Deja que venga, y veamos
en que se fundan tus riesgos
cuando yo estoy a tu lado.

MENALIFE   ¿Eso dices? ¿Eso estimas?
¿Así arriesgas mi recato?   1350
Mata, Camila, esa luz;
y tú a lo más retirado
del cuarto puedes llevar
a Polidoro entre tanto
que Camila y yo salimos   1355
por esta puerta y nos vamos;
que Miquilene no es hora
de recogerse, y si acaso
vuelve a salir vendré yo
por vosotros.

LUCINDO   Presto, vamos,   1360
                que esta mujer trae coleto
                hecho de la piel del diablo.

POLIDORO   Repara…

MENALIFE   Mata esa luz;
                a buen tiempo es el reparo.

POLIDORO   Yo te obedezco, señora.   1365

JULIA   Ven, señor.

MENALIFE   Julia, cuidado.

                (JULIA y CAMILA *se besan. Apartase* MENALIFE *y*
                CAMILA *a una parte y a la otra* POLIDORO, JULIA,
                y LUCINDO, *y salen a la puerta Miquilene.*)

ESCENA 18

MIQUILENE La luz han muerto, sin duda
de mi cuarto se ampararon.

(Abre el escotillón ASTOLFO *y sale por él.)*

ASTOLFO Acertó la oculta boca
de la mina mi cuidado. 1370

MIQUILENE Hanme dicho que la reina
tiene encubierto en palacio
a su amante, y desta suerte
estoy resuelta a apurarlo.

ASTOLFO Si no me engañó Indatirso, 1375
hacia aquí ha de ser el cuarto
de la hermosa Miquilene;
gobierne el amor mis pasos.

MENALIFE Camila.

CAMILA Señora mía.

MENALIFE Ya acerté la puerta, vamos. 1380

(Vanse MENALIFE *y* CAMILA. POLIDORO *hacia otra
parte con* JULIA *y encuentra con* ASTOLFO.)

POLIDORO ¿Julia? ¿quién es? ¿Lucindo?
Pero si el traje ha trocado,
¿quién puede ser sino tú?
¿No es suceso bien estraño
el andar por Miquilene   1385
desta suerte?

ASTOLFO   ¡Cielo santo!
Hombre es este: ¿Miquilene
no dijo? Penas, despacio.

JULIA Vamos, señor, no te pares
que aquí está la puerta.

(*Vanse por la otra parte* JULIA, LUCINDO y POLI-
DORO.)

POLIDORO   Vamos.   1390

ESCENA 19

ASTOLFO	Llegarme quiero otro poco, por si más indicios hallo.	
MIQUILENE	Sabré a quien tiene la reina oculto dentro en Palacio.	
ASTOLFO	Sabré a quien tiene la ingrata Miquilene tan prendado.	1395
MIQUILENE	Pero ¿quién es? ¿qué hombre es este? Primero que de mis brazos se escape sabré quien es.	
ASTOLFO	Ella es, y ha imaginado que soy su amante sin duda pues me abraza, ¿ya qué aguardo?	1400
CAMILA	Aquí está la luz.	
MIQUILENE	¿Quién es? Pero Astolfo ¿hay más extraño pesar? Astolfo es el hombre que Menalife ha ocultado.	1405
ASTOLFO	¿Dónde se ha ido aquel hombre que aquí me habló? ¿Hay desengaño más evidente?	

Miquilene	¿Qué miras?
	Ya se fue de tu cuidado 1410
	la causa; yo soy, ¿qué buscas?
Astolfo	¡Oh, nunca aquí hubiera entrado!
	El corazón se me ha muerto.
Miquilene	Todo el aliento es desmayo.
Astolfo	Pues Miquilene, ¿qué es esto? 1415
	Después que a mí me has llevado
	el alma, ¿otro amante ocultas
	y le buscas en los brazos?
Miquilene	¿Otro amante? Ya te entiendo,
	achaques son del culpado 1420
	–por disminuir la queja–
	introducir el agravio.
	En fin, tu estabas rendido
	a otra dama y tus engaños
	me quisieron esconder 1425
	los golpes en los halagos.
Astolfo	¿Yo a otra dama? A Dios pluguiera
	que así no sintiera tanto
	tu rigor.
Miquilene	¿Esto es amor?
	Rabia es esta.
Astolfo	¡Qué cuidado 1430
	tan nuevo siento en el pecho!

MIQUILENE ¡No entiendo el dolor que paso!

ASTOLFO ¿Tú de otro amante rendido?

MIQUILENE ¿Tú de otra dama prendado?

ASTOLFO Respóndeme a lo que digo. 1435

MIQUILENE ¿Yo responderte, villano?
¿Qué querías, la lisonja
de verme pintar mi agravio?

ASTOLFO ¿De modo que te resuelves
a quedarte con el cargo 1440
y porque el engaño adore
aun me niegas el engaño?

MIQUILENE Si, Astolfo, este amor está
en los principios salgamos
deste laberinto que iba 1445
creciendo con nuestros pasos.

ASTOLFO Dices bien, yo me conformo
con este acuerdo; rompamos.

MIQUILENE ¿En fin, te resuelves?

ASTOLFO   Sí.

MIQUILENE Pues vive Dios, que este rato 1450
de cárcel en que has tenido
mi albedrio apasionado
te ha de costar...

ASTOLFO	¿Qué?
MIQUILENE	La vida.

ASTOLFO   Bien esta; al odio volvamos
antiguo. ¿Tú no me ofendes?   1455
Pues mañana haré que el campo
de mis Sármatas…

MIQUILENE   ¿Qué dices?
¿De tus Sármatas? Extraño
suceso. ¿Luego tú eres
–sin duda mintió el anciano–   1460
el príncipe de Sarmacia?

ASTOLFO   Allá te dirán mis manos
quién soy.

MIQUILENE   Allá bien está;
(Aparte)
dejaré el cuarto cerrado,
hasta vencer la batalla.   1465

ASTOLFO   (Aparte)
Buscaré, en saliendo, el paso
de la gruta. ¡Estoy sin juicio!

MIQUILENE ¡Con mis suspiros me abraso!

ASTOLFO   Guerra Miquilene ingrata.

MIQUILENE Fuego y sangre, Astolfo ingrato.   1470

ASTOLFO   ¡Ah, traidora!

MIQUILENE   ¡Ah, fementido!

ASTOLFO   ¡Ah, malnacida!

MIQUILENE   ¡Ah, villano!

ASTOLFO   Tu llorarás mi desdicha.

MIQUILENE   Tu morirás a mis manos.

MELISSA   Quizá Calderón quería proteger a Solís.

IRENE   Pero Antonio no le hizo caso.

CARLOS   Esto le costó su carrera, y el olvido en su propio país.

Jornada Tercera
ESCENA 20

Salen POLIDORO, *y* LUCINDO, *recatados.*

LUCINDO   En el cuarto de la fiera   1475
Miquilene nos estamos
encerrados sin que hayamos
visto a nadie de allá fuera.

POLIDORO   Pues no ha vuelto la criada
que aquí me dejó escondido   1480
anoche. No habrá podido
entrar.

LUCINDO   Esta endemoniada
mujer, esta Miquilene
lo trae todo en confusión
con la mala inclinación   1485
que contra los hombres tiene.

POLIDORO   Mas de tres horas habrá
que se fue el cuarto cerrando.

LUCINDO   Yo no sé en qué piensas cuando
ves que tu ejército…

POLIDORO   Ya.   1490

–No me aflijas– ya te entiendo;
y aunque sé que no es disculpa
el confesar yo la culpa
cuando la culpa no enmiendo
y que el decir que fue amor   1495
quien de mí me hizo olvidar
es solo querer borrar
un error con otro error
quiero decirte, –si estamos
seguros–, lo que he pensado.   1450

LUCINDO   Todo el cuarto está cerrado,
no hayas miedo que nos vamos.

POLIDORO   Ya sabes que enamorado
de la grande perfección
de Menalife junté   1455
mis tropas, que la facción
de sitiar a Temiscira,
de Sarmacia me sacó.
Y como dejé empeñado
mi ejército en la facción,   1460
y como no le he visto
de esta mi dulce prisión,
responderé que yo vine
enamorado, que amor
con rendimientos pelea,   1465
que él al riesgo me arrojó
de entrar solo en Temiscira,
que por más que lo intentó
mi cuidado no he podido
avisar mi gente, y que hoy   1470

saldrás tú a dar esta nueva
sino puedo salir yo.

LUCINDO   Tú te acusas lindamente
y te das la absolución
mas lindamente –y en todo–   1475
hablas como un pecador.

(Ruido de cadena dentro y arrepiéntese LUCINDO.*)*

POLIDORO   Pero aguarda, ¿qué es aquesto?
¿Lo escuchaste?

LUCINDO   Vive Dios,
¡que se me ha puesto el cabello
tan alto como el balcón!   1480

(Sale INDATIRSO *con la cadena arrastrando.)*

INDATIRSO   Ayude el cielo mi intento.
Este es sin duda. Señor,
dame esos pies porque en ellos
descanse mi corazón.

POLIDORO   ¿Qué es esto, anciano? ¿quién eres?   1485

INDATIRSO   Tu padre, el rey, bien sé yo
que me hubiera conocido
aunque tan trocado estoy.

POLIDORO   ¿Cómo es tu nombre?

INDATIRSO   Indatirso.

POLIDORO	¿Indatirso?
INDATIRSO	El mismo soy.

1490

POLIDORO Noticia tengo de ti
y, en el tiempo que vivió
mi padre en Sarmacia, sé
que de una conjuración
cómplice te quiso hacer   1495
la envidia o la emulación
de un enemigo; y que luego
por tu inocencia volvió
el cielo; y sé que mi padre
reducirte deseó   1500
otra vez a su servicio.

INDATIRSO Huyendo de su rigor
ha cuatro lustros que vivo
oculto en esta región;
más para qué me detengo   1505
en esto cuando el dolor
de verte en el riesgo acude
con mas codicia a la voz.
El cielo aquí me ha traído
para que os saque a los dos   1510
de ella.

POLIDORO ¿Sacarnos? ¿qué dices?

LUCINDO Temblando de miedo estoy.

INDATIRSO Venid, que aquí, recatando
el secreto en la labor

	del pavimento, se oculta	1515
	una mina que franqueó	
	el paso hasta el campo.	

LUCINDO   ¿Cómo,
viejo de mi corazón?
Déjame darle mil besos.

POLIDORO   ¿Qué es esto?

LUCINDO   Cuerpo de Dios,   1520
¿qué ha de ser? ¡Haberme hallado
una mina!

POLIDORO   Extraños son
los decretos de la suerte.

(*Abre* INDATIRSO *el escotillón.*)

INDATIRSO   Por ella puedes, señor,
escaparte.

POLIDORO   ¿Eso propones?   1525
¿Te olvidas de mi valor?

INDATIRSO   ¿Qué dices?

POLIDORO   Que cuando entraste
estaba buscando yo
por donde salir de aquí;
pero ya, siendo quien soy,   1530
no he de dejar en el riesgo
a Menalife. ¡Ay amor,

me enseñas la libertad
para estrechar la prisión!
Tú, Lucindo, puedes ir   1535
y di a mi gente que estoy
ganándoles la victoria
a menos costa; tu voz
pase con nombre de ardides
los urdimientos de amor.   1540

LUCINDO   No me desagrada el miedo
porque, en fin, si salgo yo
no se pierde todo.

INDATIRSO   Espera,
mucho aventuras, señor,
en quedarte.

POLIDORO   Esto es preciso.   1545
¿No te vas?

LUCINDO   ¡No sino no!;
apártate que es muy pronta
la obediencia del temor.

INDATIRSO   Pues si ha de ser vete apriesa,
que solo he sabido yo   1550
el secreto de esta mina,
y si la descubren hoy
abierta se pierde todo.

LUCINDO   Por Dios, que en el boquerón
hace oscuro y que le he miedo.   1555

INDATIRSO   Ande presto.

LUCINDO   Ya me voy.

(Al ir bajando por la mina LUCINDO, *hacen ruido a la puerta.)*

INDATIRSO   Detente, ¿quién es?

LUCINDO   Por eso
mismo no me tengo a diez.

(Éntrase LUCINDO *y cierra aprisa* INDATIRSO *por
el escotillón.)*

INDATIRSO   Gente a la puerta ha llegado,
sino lo finge este amor   1560
déjame cerrar ahora,
retirémonos los dos
hasta ver lo que dispone
la reina.

POLIDORO   ¿A quién sucedió
lo que a mí?

INDATIRSO   Presto, que llegan.   1565

POLIDORO   Mucho me debes, amor.

(Vanse.)

ESCENA 21

Sale MIQUILENE *como despechada,* CAMILA *y amazonas deteniéndola.*

MIQUILENE Dejadme, ¿qué me queréis?

CAMILA Señora...

MIQUILENE   Dejadme, digo.

CAMILA Ahora que el enemigo
intenta...

MIQUILENE   Reina tenéis;   1570
ella –¡muerta estoy!– la gente,
que yo he juntado –¡ay de mí!–
gobierne –yo me perdí,
mortal es ya mi accidente–
o rija a la tropa; que yo   1575
no estoy ya para otra guerra
que la que mi pecho encierra;
Miquilene se acabó.
Camila amiga, piedad,
que me abraso.

CAMILA   ¿No podré   1580
saber yo tu mal?

MIQUILENE	No sé;

afuera un rato esperad.
(*Vanse las criadas.*)
No sé, amiga, si este atroz,
este infame sentimiento,
cuando me quita el aliento   1585
querrá dejarme la voz.
Pero el mal que estoy sufriendo,
y que mi valor rindió,
a ese escucha, que yo
le padezco, y no le entiendo.   1590
Verse abrasar sin distinguir el fuego,
bajar tras los efectos del semblante,
estar en los alivios inconstante,
solo en la confusión hallar sosiego;
sentir la queja y convertirse en ruego, 1595
osar y desistir en un instante,
tener mil veces la razón delante
y no hacer della el ímpetu más ciego;
–qué sé yo… no es decirle mi quebranto–,
mis lagrimas persiguen mis enojos,   1600
ellas dirán lo que a la voz se niega.
Si quieres saber más busca mi llanto;
socorre el corazón hacia los ojos
que a la lengua del agua se me anega.

CAMILA	O yo estoy mal informada 1605

de las señas que me das
o tu enamorada estás.

MIQUILENE	¿Qué es estar enamorada?

CAMILA	¿Tú has visto…?

MIQUILENE   No he visto tal,
          (Aparte.)
          –en vano el dolor resisto–   1610
          no me afrentes; si yo he visto
          harto has dicho, ese es mi mal.

CAMILA   Tú tienes una pasión
          que hace lisonja y crece
          hasta locura.

MIQUILENE   Parece   1615
          que me has visto el corazón.

CAMILA   Ya conozco esos antojos.

MIQUILENE   Mucho tu atención repara;
          no creí que era tan rara
          la lengua que habla en los ojos.   1620

CAMILA   ¿Y no sabré –pues merezco
          esta confianza– a quien
          quieres bien?

MIQUILENE   Yo quiero bien
          a un hombre a quien aborrezco.

CAMILA   ¿Aborrecerle y quererle?   1625
          ¿Eso como puede ser?

MIQUILENE   Pues si quiere a otra mujer,
          ¿cómo no he de aborrecerle?

CAMILA   ¿Tan apriesa los desvelos

	de tu amoroso cuidado con celos han encontrado?	1630

MIQUILENE ¿Aquellos se llaman celos?

CAMILA No me admiro, que te asombre
aun el oírlos nombrar.

MIQUILENE Rabia los iba a llamar.   1635

CAMILA No les erraras el nombre.

MIQUILENE Pues ¿qué he de hacer?

CAMILA   Procurar
el olvido.

MIQUILENE   ¿Eso me pides?

CAMILA Yo no te obligo a que olvides
sino a querer olvidar.   1640

MIQUILENE Duro se me hace ese medio.

CAMILA Ninguno cura mejor.

MIQUILENE Aténgome yo al dolor
si duele más el remedio.

CAMILA Bien está, mas ¿qué accidente   1645
pudo robarte el sentido
que habiendo ahora salido
a poner toda la gente

en orden, para romper
al enemigo en campaña,   1650
vuelta en turbación la saña,
te vienes a recoger
en tu cuarto?

MIQUILENE   En mi pesar
pudieras más discurrir,
y no obligarme a decir   1655
lo que debiera callar.
Astolfo, el mismo que anoche
se entró en este cuarto huyendo
porque estaba en el jardín
con la reina, que encubierto   1660
galantea.

CAMILA   Deja que entienda
lo que de tu amor no entiendo.
¿Este Astolfo no es aquel
que el anciano prisionero
descubrió ayer?

MIQUILENE   Sí, mas este   1665
debió de ser fingimiento
del anciano, porque él mismo
me dijo aquí que el esfuerzo
de sus Sármatas pondría
hoy a Temiscira fuego.   1670

CAMILA   Prosigue.

MIQUILENE   Salí a poner
nuestras tropas en gobierno

dejando encerrado a Astolfo
en aqueste cuarto mesmo,
y después de haber dejado   1675
en orden la gente vuelvo
a ponerle en libertad,
porque no diga su esfuerzo
que para poder vencerle
usé de su impedimento;   1680
Entra a llamarle y si vieres
que al oírle me enternezco
olvídame de mi amor
y acuérdame de mis celos.

CAMILA   Yo voy.

(*Vase.*)

MIQUILENE   Valor corazón   1685
que ahora… ¿pero qué es eso?

(*Sale* MENALIFE.)

Escena 22

MENALIFE Déjame entrar, Miquilene.

MIQUILENE Prima, señora...

MENALIFE   Yo vengo
a fiarte sola el alma,
y a pedirte...

MIQUILENE   Ya te entiendo;   1690
no humanes la majestad
que harto humilde es tu tormento
sin que le haga menos tuyo
las humildades del riesgo.
Para esto mismo que quiere   1695
decirme tu desaliento
te había yo menester
contra mí; y así agradezco
que hayas venido a lograr
mi corazón de mi afecto.   1700
Ahí dentro esta tu amante;
dile tú, que yo no tengo
valor para verle; dile
que ya seguro le dejo
pues queda contigo y que hoy   1705
en sus Sármatas intento
vengar mis iras; y tú
procura echarle del pecho,

que no merece piedades
tuyas quien al mismo tiempo   1710
con llamas que a ti te hurta
quiere encender mi sosiego.

(*Vase.*)

Escena 23

MENALIFE	Aguarda, que me has quitado

MENALIFE   Aguarda, que me has quitado
la vida, aguarda. ¿Qué es esto?
Ella le ha visto, él le ha dicho   1715
quién es, pues va proponiendo
en sus Sármatas venganza;
él de su hermosura –muero
de enojo–, rendido amante
ha intentado… mas yo llego   1720
a pronunciar mis agravios
sin que se apure mis alientos.

(Salen Polidoro y Camila)

POLIDORO   Todo se ha errado.

CAMILA   Venid,
que aquí está.

POLIDORO   Ya es este empeño
preciso, si de un rendido,   1725
Miquilene… ¿más que veo?
Menalife.

CAMILA   Aquí la reina.

(Llega POLIDORO, vuelve la cara la reina, y turbase.)

MENALIFE   Camila, un Etna es mi pecho;
vete allá fuera.

CAMILA   Señora.

MENALIFE   ¿No te vas?

CAMILA   Ya te obedezco.   1730

(Vase.)

ESCENA 24

MENALIFE	Prosigue ahora, prosigue;	

MENALIFE
Prosigue ahora, prosigue;
no es bien que quede imperfecto
aquello de si *un rendido,*
Miquilene... del incendio
indigno de tu hermosura...   1735
puede merecer... no es esto
alguna piedad... y un alma...
pero dilo tú que temo,
como no estoy muy airosa,
desairarte los afectos.   1740
Prosigue, ¿de qué te turbas?
No desconfíes tan presto,
que dolor que halló el oído
no está muy lejos del pecho.

POLIDORO
¿No he de turbarme si me hablas   1745
con estilo que no entiendo?
¿Qué dices? ¿Qué novedad
es esta que cuando espero
tu piedad...?

MENALIFE
                    ¿Tú mi piedad?
Pero si ya compadezco   1750
ese tu amor despreciado,
–que es muy lastimoso objeto
para enternecer los ojos–
un amor junto a un desprecio.

POLIDORO   ¿Qué amor? ¿Qué desprecio, hermosa   1755
           Menalife?

MENALIFE   A que buen tiempo
           soy hermosa. Ah, quien pudiera
           dar... pero volveos al pecho
           suspiros, que por más vanos
           aun no merecéis el viento.   1760

POLIDORO   ¿No me dirás la ocasión
           de tus enojos?

MENALIFE   Ya lo intento,
           más no es fácil. Miquilene,
           ese tu adorado empeño,
           me ha dicho que, –despechada   1765
           de escuchar los rendimientos
           de tu amor–, va a castigar
           en los Sármatas el yerro
           de su príncipe, y me deja
           para decirte su intento.   1770
           No hay sino partir al punto,
           y esgrimir el limpio acero,
           que quizá en traje de Marte
           soñarás mejor a Venus.

POLIDORO   Señora, si yo en mi vida   1775
           a tu prima...

MENALIFE   Mira el riesgo
           en que está tu gusto.

POLIDORO   … he dicho
palabra…

MENALIFE   Ya no te atiendo.

POLIDORO   …los Dioses…

MENALIFE   Por esa puerta
del jardín...

POLIDORO   … mi atrevimiento…   1780

MENALIFE   … puedes salir.

POLIDORO   … con rayos
castiguen.

MENALIFE   Ya están resueltos
mis celos y amor.

POLIDORO   ¿A qué?

MENALIFE   No sé, a publicar –no acierto
a quejarme– contra un hombre   1785
ingrato.

POLIDORO   Acábame presto;
dime ya lo que tu amor
y tus celos han resuelto.

(*Dentro amazonas.*)

CORO	Guerra, guerra.	
MENALIFE	Aquellas voces por mi amor te respondieron.	1790
CORO	El hombre muera.	
MENALIFE	Y aquellas te responden por mis celos guerra, guerra, ingrato amante. Esperad, que ya mi esfuerzo os sigue amazonas mías. Vete a tu ejercicio luego, que para llevar más ira a la batalla que emprendo de parte del enemigo te ha menester mi ardimiento.	 1795 1800
POLIDORO	Tente, espera.	
MENALIFE	Así, en la puerta del jardín con otro intento te previne dos caballos; ya que al amor no sirvieron, sirvan ahora a la fuga.	 1805
POLIDORO	En fin, ¿me dejas?	
MENALIFE	¡Te dejo, ah traidor!	
POLIDORO	Mira que estás engañada.	

MENALIFE	Yo confieso,
	que lo estuve; pero ya
	no lo estoy pues te aborrezco. 1810

POLIDORO   ¿Qué dices?

MENALIFE   Que en la campaña
            lo verás.

POLIDORO   No pienso verlo.

MENALIFE   ¿Por qué?

POLIDORO   Porque va conmigo
            de mi amor el escarmiento;
            y así, levantando el sitio,   1815
            he de apartarme del riesgo
            de esa alevosa hermosura
            a pesar de mis afectos;
            que las batallas de amor
            solo se vencen huyendo.   1820

MENALIFE   Mi venganza irá a buscarte.

POLIDORO   ¿Para qué, si ya me ha muerto?

MENALIFE   Esto es hecho, desengañaos.

POLIDORO   Esperanzas, esto es hecho.

MENALIFE   Yo os conservaré en el alma.   1825

POLIDORO   Yo os dejaré donde os pierdo.

(Vanse cada uno por su puerta y dicen dentro Aurelio *y soldados, y luego salen todos con* Astolfo *y* Lucindo.*)*

Escena 25

Irene	Así es como comenzamos a darnos cuenta.
Camila	Aliéntense nuestros bríos.
Alba	Galicia, año 1687, documentada una aldea de mujeres en el Norte.
Julia	Toca al arma.
Menalife	Embiste.
Coro	Cierra.
Irene	La aldea gallega Ponte Maceira.
Alba	Cogen los cuchillos y ropas de su casa y huyen a las cuevas que había en el camino de Fisterra.
Jaime	Una guerra civil para terminar con esta situación.
Aurelio	Mueran las mujeres.
Coro	Guerra.
Astolfo	¿Qué es esto, Soldados míos? 1830

CARLOS	Parece que la inspiración de estas mujeres apareció en la representación del Coliseo del Buen retiro y se transmitió por los pueblos.
MELISSA	15 de junio de 1687 la sublevación de las campesinas.
IRENE	El peligro era este. Ver a unas mujeres alzándose en armas.
ALBA	Con un modelo diferente.
IRENE	Dejaron de esconder su amor entre doncellas y casadas.
ALBA	Dejaron de vestirse de hombre para poder salir solas a la calle.

ASTOLFO   ¿Que Polidoro es amante
de Menalife y que él fue
el que yo anoche encontré
–albricias amor constante–
en el cuarto de la hermosa   1835
Miquilene?

LUCINDO   Así es verdad.

ASTOLFO   Pues, Soldados, escuchad;
    (aparte)
ya está menos belicosa
el alma, venciste amor,
triunfaste de mis recelos   1840

y con quitarme los celos
me has desarmado el valor.

AURELIO   Prosigue, ya está pendiente
de tus labios nuestro oído.

ASTOLFO   *(Aparte)*
Amor, quítame el sentido   1845
o hazme esta vez elocuente.
Valerosos Soldados,
que a despreciar victorias enseñados
le gastáis a la fama,
que vuestro nombre aclama   1850
el sonido mejor de su instrumento,
y ella desaires de mejor aliento,
¿contra quién marcha vuestro ardor valiente?
¿Qué objeto lleva vuestra ira ardiente?
¿Qué hazaña a vuestro esfuerzo se
                              [destina   1855
o a qué sangrienta ira se encamina?
¿Es más que una mujer la que os espera?
¿Qué resistencia aquí se considera
para que no se corra vuestro estrago
de herir en poco más que el aire vago?   1860
¿La mujer no nació sujeta al hombre
por natural decreto? El propio nombre
lo dirá.

DENTRO   Viva el príncipe.

ASTOLFO   ¿Qué ruido
es ese que otra vez me ha interrumpido?

AURELIO   Dos hombres a caballo a toda brida   1865
se hacen lugar entre la gente unida.

ASTOLFO   Sabed que buscan.

AURELIO   Ya se han apeado,
dellos puede informarse tu cuidado.

ESCENA 26

Salen POLIDORO *e* INDATIRSO.

POLIDORO   Vuestro príncipe amigos… ¿más qué es esto?

AURELIO   Señor, danos tus pies; ¡qué dicha!

POLIDORO   Tente;   1870
¿quién el laurel, quién el bastón ha puesto
en otra que en mi mano o en mi frente?

ASTOLFO   Quien le pondrá en tu frente, y en tu mano
le empuña y ciñe invicto Polidoro;
(Aparte.)
qué presto le asustó el adorno vano   1875
que sirve más al peso que al decoro.
(A POLIDORO.*)*
La misma voz del cielo soberano
me eligió por caudillo desta empresa;
y aunque llegando tú mi empeño cesa
de tu gente atendido y venerado   1880
la oración militar había empezado,
y la he de proseguir con tu licencia
ayudando tu oído a mi elocuencia.

POLIDORO   Si convocas mi gente a lo sangriento
de la batalla ya es otro mi intento;   1885

que cuando es la mujer el enemigo
la victoria es la fuga.

ASTOLFO   Quizá sigo
esa misma doctrina; si te ofendes
de no saber quién soy a un hijo atiendes
de Alejandro, en quien vive, en quien
                              [respira   1890
su mismo corazón; ahora mira
si un hijo de Alejandro pide mucho
en pedir que le escuches.

POLIDORO   Ya te escucho
enamorado de tu bizarría:
pasa adelante.

ASTOLFO   Pues así decía: 1895
¿La mujer no nació sujeta al hombre
por natural decreto? ¿El propio nombre
no es símbolo común de la flaqueza?
¿propia condición de su fortaleza?

JAIME   Pues, ¿por qué ha de emprenderse como
                              [hazaña   1900
el salir hoy con ellas en campaña?

IRENE   Siendo así que su enojo, su osadía,
su impaciencia, su ardor, su demasía,
podrá solo en el hombre más tirano
el pecho sí, mas no enojar la mano;   1905
pues cuanto le disgusta y cuanto irrita,
cuanto apura, provoca y participa,

lo debe perdonar el advertido
como el que oye despechos del rendido.

ALBA   Yo doy que las vencimos ¿qué
                                        [vencemos?   1910
                aquello mismo que amparar debemos

MARIELLE   ¿No es suyo nuestro ser?

MELISSA   El más airado,
                cuando logre las iras que ha fraguado
                ¿no ultrajará con mano impetuosa
                la imagen de su dama o de su esposa?   1915

CARLOS   Las mujeres, amigos, ya sabemos
                que si las maltratamos las perdemos;
                y que si las llevamos blandamente
                la más rebelde está más obediente.

IRENE   No hay animal tan rígido, irritado,   1920
                ni hay animal tan dócil, obligado;
                luego se resume, capitán, si tuerzo
                su mismo natural contra su esfuerzo.

ALBA   ¿Era esto el final alternativo?

IRENE   ¿Era esto el final de *Las Amazonas*?

MARIELLE   ¿Es este el final que le obligaron a escribir a
                Antonio?

MELISSA   ¿O era este el principio de la sublevación de
                las mujeres gallegas?

IRENE   ¿Así nos veían? o, ¿así nos tenían que ver?
         ¿era Antonio de Solís víctima de su época?

JAIME   Pero ¿qué más da todo esto? Ya nadie piensa así ahora.

MELISSA Nunca sabremos si esto es lo que escribió
         Antonio, o esto es lo que se conserva.

CARLOS   En mi círculo de amigos ya nadie piensa así.

IRENE   ¿Eran *Las Amazonas* una advertencia o una
         esperanza?

ALBA   Imaginar un mundo así, ¿era un peligro o
         una promesa?

ASTOLFO Hoy, pues, esta victoria se asegura
         si la rige el amor y la ventura.   1925

POLIDORO Eso sí; yo también, soldados míos,
         hacia esta parte inclino vuestros bríos.

ASTOLFO Nadie se valga ya de la osadía.

POLIDORO Mejores armas da la cortesía.

ASTOLFO Pelead todos tan lejos de la ofensa   1930
         que aun andéis con templanza en la defensa.

POLIDORO Si os viereis perseguidos,
         templad con las pasiones los oídos,

---

y acordaos, –al reñir–, de su flaqueza
si os olvidáis al ver de su belleza.   1935

ASTOLFO   Que con eso, soldados,
lidiáis como corteses y esforzados.

POLIDORO   Se asegura el suceso a esta victoria.

ASTOLFO   Se dobla el esplendor de aquesta gloria.

POLIDORO   Vencéis sin el afán de la batalla.   1940

ASTOLFO   Y a la fama obligáis con no manchalla.

POLIDORO   Yo, que os la persuado,
por la razón de estado,
mejoro vuestro garbo y vuestra suerte.

ASTOLFO   Quito ese día al brazo de la muerte.   1945

POLIDORO   (Aparte.)
Y voy por donde quiere mi albedrio.

ASTOLFO   (Aparte.)
Y aseguro la vida al dueño mío.

(Tocan cajas dentro.)

LUCINDO   Mas ya por aquella parte
las escuadras femeninas,
con las escuadras barbadas   1950
embiste faldas en cinta;

y si no me engaño, tiemblan
las barbas de las barbillas.

ASTOLFO   ¡Ay Miquilene adorada!

POLIDORO   ¡Ay Menalife querida!   1955

ASTOLFO   Las llamas de amor te abrasen.

POLIDORO   Las flechas de amor te rindan.

MUJERES   Guerra, guerra.

HOMBRES   Ninguno las resista.

MUJERES   Mueran los hombres.

HOMBRES   Las mujeres vivan.

Escena 27

Víctor	Antonio mandó diferentes señales. Si nos fijamos en su nombre. Antonio de Solís. Pero para que su obra no se perdiese dejo una pista: se añadió un apellido *Rivadeneyra*.
	Esto pasó desapercibido hasta que su tatataranieto, Carlos de Solís, investigando este apellido, descubrió que era absolutamente inventado, que en realidad es: *Riva dene y ra*.
	Un acrónimo que ocultaba una pista fundamental para encontrar el texto:
	Rústicas
	Inteligentes
	Virtuosas
	Amazonas
	Doncellas
	Escondidas
	Norte
	España
	Y
	Robada
	Auxilio
Jaime	Gracias a este descubrimiento, Carlos de Solís, pudo encontrar fácilmente la biblioteca oculta de Calderón de la Barca, donde encontró el magnífico texto robado de *Las amazonas*. Decidió donarlo a la Biblioteca Nacional

de España. Y allí es donde pudimos encontrarlo.

IRENE   Sospechamos que la Biblioteca Nacional no lo registró debidamente. Fue el nieto de Carlos de Solís, Juan Antonio Solís, en 1944 quien lo encontró en la librería Galdós.

LUCINDO   Señores, ¿quién en el mundo   1960
vio tan notable milicia?
Ellas acometen y ellos
las reciben de rodillas.
Pero vive Dios, que arrojan
porrazos contra caricias;   1965
errose el medio, que son
mujeres que no se obligan
del buen trato de los hombres;
antes más desvanecidas,
en viendo que las adoran,   1970
al punto los sacrifican.
Pero por Dios, que se acercan
las tropas de la enemiga.

(*Escondese* LUCINDO *entre unas ramas y salen* JULIA *y* CAMILA *con arcos, y flechas.*)

JULIA   La primera que le encuentre
le ha de matar.

CAMILA   Y si unidas   1975
le encontramos cada una
le ha de quitar media vida.

LUCINDO   Buen medio es este; y ahora
me anda acá haciendo cosquillas
un estornudo por más   1980
que me coso las encías.

(Estornuda y llegan las dos.)

CAMILA   ¿Quién está aquí?

JULIA   ¿Quién se encubre
entre estas ramas, Camila?

(Sale LUCINDO *de donde estaba escondido.)*

LUCINDO   ¡Que gentil Dominus tecum!

JULIA   Él es, salga acá el gallina.   1985

CAMILA   ¿Qué hacía escondido?

LUCINDO   Estaba
estornudando.

(Apúntanle las dos, teniéndole en medio.)

JULIA   Sus días
se acabaron.

CAMILA   Muera.

JULIA   Muera.

| LUCINDO | (*Aparte.*)
Aquí de la defensiva
del cariño –a ellas– Si te adoro, | 1990 |
| | mis ojos, ¿por qué me tiras? | |

JULIA   ¿A cuál de las dos requiebras?

CAMILA   ¿A cuál de las dos obligas?

LUCINDO   A entrambas.

JULIA   Pues ¿cómo a entrambas
con un requiebro acaricias?   1995

LUCINDO   Como yo tengo dos ojos,
y en cada cual una niña.

JULIA   ¿Quién le ha dicho que un requiebro
basta para dos amigas?

LUCINDO   ¿No es buen requiebro mis ojos?   2000
Pues no me tiréis, mis vidas.

(*Dentro* MIQUILENE y ASTOLFO.)

Escena 28

Miquilene	¿Qué es esto, amazonas? ¿Cómo vuestro ardimiento se entibia?
Astolfo	Sármatas, el rendimiento es la mejor valentía. 2005
Miquilene	Bebed su sangre, matadlos.
Astolfo	Obligadlas, persuadidlas.
Miquilene	Y repita vuestro enojo…
Astolfo	Y vuestra piedad repita…

(*Salen* Miquilene, *y* Astolfo *por los dos lados, y en viéndose se detienen.*)

Miquilene	… mueran los hombres. 2010
Astolfo	… las mujeres vivan. Pero Miquilene…
Miquilene	Astolfo…
Camila	Vamos de aquí.

JULIA   Venga aprisa,
        que hay mucho que matar.

LUCINDO   Siempre
        pierde por corta mi vida.   2015

        (*Vanse los tres.*)

ESCENA 29

ASTOLFO   ¿Por qué han de morir los hombres
           hermosísima enemiga?
           ¿Ha de padecer la especie
           porque nació mi desdicha?
           Si es delito adorarte   2020
           pude no adorarte; mira
           que tú pones el precepto
           y la obediencia castigas.
           Para solo amarte quiero
           vivir; si a mi muerte aspiras   2025
           déjate estar en el alma
           y llévate allá la vida.

MIQUILENE Calla, ¡pesia a tus lisonjas,
           y a mi oído, y a mi vista!
           ¿Yo no venía a matarte   2030
           enojada y vengativa?
           ¿Dónde el corazón has puesto?
           ¿Qué encanto es este o qué enigma
           que desde cerca reprime
           y desde lejos irrita?   2035

ASTOLFO   ¿Qué es esto, mi bien?

MIQUILENE   ¿Qué es esto?
           No sé cómo te lo diga,

que en las llamas del amor
se abrasan las de la ira.

ASTOLFO   Pues yo, ¿qué causa te he dado?   2040

MIQUILENE Si a la reina, si a mi prima
adorabas ¿para qué…?
mas déjame, que se indigna
la queja y puedo llorarla
pero no puedo decirla.   2045

ASTOLFO   ¿Yo a la reina? ¡Vive Dios
que no la he visto en mi vida!

MIQUILENE ¿Lo niegas? ¿Pues no te hallé
en el palacio yo misma?

ASTOLFO   Sí, pero ¿no fue en tu cuarto?   2050

MIQUILENE Sí; pero ¿de quién huías,
cuando entraste en él?

ASTOLFO   Yo entré
por la gruta o por la mina
de Indatirso.

MIQUILENE   No te entiendo.

ASTOLFO   Y el que se entró con tu prima   2055
en tu cuarto es Polidoro,
príncipe de esta vecina
región de Sarmacia.

MIQUILENE   Aguarda,
pues ¿no eres tú el que acaudillas
los Sármatas?

ASTOLFO   En ausencia   2060
del príncipe…

MIQUILENE   No prosigas,
que aun mentir no sabes, puesto
que cuando el engaño aliñas
para buscar lo aparente,
lo verosímil olvidas.   2065

(Dentro voces de mujeres, y hombres.)

CARLOS	Callaron las sospechas de Juan Antonio Solís sobre la historia de su tatatatarabuelo. entregando una gran cantidad de dinero a cambio.
ALBA	En 1946, invierte todo este dinero en un gran negocio que todos conoceréis hoy para honrar la memoria de su familia.
IRENE	El tomate Solís.
CARLOS	Un lavado de imagen para este peligro.
MELISSA	Sí, habíamos descubierto el caso AdS, se trataba de Antonio de Solís, su desaparición y sus escritos olvidados. La Cúpula de Directores Nacionales había estado ocultando esto.

IRENE   Más descendencia suya continúa triunfando por el mundo:

ALBA   Podéis escuchar una de las canciones que ha producido su tatatatatataranieto.

(Suena Ojalá de Paulina Rubio)

JAIME   Marco Antonio de Solís Sosa, cantautor, compositor, músico y compositor musical

VÍCTOR   Produce a Paulina Rubio, Rocío Jurado, Rocío Durcal y Raphael.

MARIELLE   El arte no ha abandonado a esta familia.

CARLOS   Y por suerte el talento de Antonio de Solís, tampoco.

ALBA   Esperamos que esta no sea nuestra última función y que podáis seguir contando esto.

CARLOS   Necesitamos que se sepa la verdad.

(Fiesta, parece el final de la obra)

ESCENA 30

CAMILA   Aquí está, lleguemos todos.

JAIME   Necesitamos que se sepa la verdad.

ALBA   Ahora viene lo complicado…

CARLOS   Podéis iros con esta fiesta y contar los he-
            chos que han tenido lugar aquí y estos des-
            cubrimientos.

MELISSA   O podéis quedaros cinco minutos más y sa-
            ber la verdad.

JAIME   La verdad de verdad.

VÍCTOR   Puede que os hayamos mentido un poco.

IRENE   Esto es de verdad: solo os hemos mentido
            un poco.

CARLOS   Pero sois libres de saber la verdad.
            Como también sois libres de iros felices con
            la mentira.

MARIELLE   Así no termina *Las Amazonas*.

IRENE   Quedan unas líneas:

MENALIFE   Generoso Astolfo.

POLIDORO   Invicta
            Miquilene.

MENALIFE   Amor venció.

VÍCTOR   Y así no termina este falso documental.

IRENE   Sí, ha sido un documental falso.

ALBA   Antonio de Solís ha existido.

CARLOS   Fue un dramaturgo poco conocido en España y conocido en Francia –aunque no tanto como hemos expuesto hoy–.

IRENE   *Las Amazonas* sí se estrenó y fue un éxito.

MARIELLE   Hace más de tres siglos que no se representa.

POLIDORO   No hay quien al amor resista.

MENALIFE   Los Sármatas valerosos…   2070

POLIDORO   Las amazonas altivas…

MENALIFE   … han vencido con rendirse.

POLIDORO   … rindiendo fueron vencidas.

ALBA   No hay una cúpula de directores que prohí-
          ba esto.

MARIELLE No hay ningún parentesco entre el tomate
          Solís y Antonio de Solís.

ALBA   Ni ninguna conexión entre Paulina Rubio y
          Antonio de Solís.

MARIELLE No hubo una aldea de mujeres gallegas re-
          beldes, que sepamos.

MENALIFE Y viendo a este mismo tiempo
          que Indatirso te publica   2075
          por hijo de nuestra reina
          Talestres…

POLIDORO   Y que la dicha
          de verse en el suave imperio
          de los hombres reducidas…

MENALIFE … se debe a tus persuasiones,   2080

POLIDORO … hace tuya la Conquista …

MENALIFE … por tu caudillo te aclama.

POLIDORO … por su reina te apellida.

CARLOS   Sí se han dicho barbaridades sobre las ama-
          zonas en la mitología.

IRENE   Y en realidad, han sido guerreras que vivían
               con hombres y luchaban juntos.

MENALIFE   Y yo quedo satisfecha
               en las quejas que tenia   2085
               del príncipe de Sarmacia...

POLIDORO   Y yo que con fe cautiva
               adoro las perfecciones
               de Menalife divina...

MENALIFE   ... sabiendo yo los indicios   2090
               que obligaron a mi prima
               a tener por Polidoro
               a Astolfo...

POLIDORO   ...–que por la mina
               de esta gruta entró en tu cuarto,
               según este anciano afirma–...   2095

MENALIFE   ... trueco a su mano gustosa
               todo el imperio de Scitia.

POLIDORO   ... doy a Sarmacia una reina,
               y a su príncipe cautiva.

IRENE   No hay una experta polaca llamada Szyszka
               Chrzanowska que estudie el parecido entre
               el Astolfo de Calderón y el de Solís.

MELISSA   Szyszka siginifica piña en polaco, y Chrzan
               significa rábano picante.

CARLOS   Sí que se atribuyó esta obra a Calderón.

ALBA   Calderón y Solís sí que fueron amigos.

IRENE   Pero Calderón y Solís no mantuvieron correspondencia hablando sobre la obra, que sepamos, ni una relación amorosa.

ALBA   Calderón escribió *Las armas de la hermosura*, y su argumento es bastante parecido al de *Las Amazonas*.

ASTOLFO   Aguardad, no digáis más,   2100
¿ves como yo te decía
la verdad?

MIQUILENE   Ya vuelve al pecho
la respiración perdida,
y todo lo que me has dicho
entre los dos se confirma.   2105

JAIME   Es verdad que hay muchas obras sobre amazonas en el Siglo de Oro que no han tenido éxito o más recorrido.

ASTOLFO   Pues ¿a qué aguarda tu enojo?

MIQUILENE   Esta mano te lo diga,
en que va mi libertad
lisonjeada y rendida.

IRENE	Quizá porque se fantaseaba mucho con la emancipación y libertad de la mujer o porque daba miedo.
ALBA	Quizá porque la historia que siempre estudiamos es que nunca hemos estado en la Historia.
MELISSA	Quizá porque el falso documental es ese, ¿no? Pensar que la mitad de la población no ha existido.
TODXS	Hasta ahora.

ASTOLFO	Y yo de mi esclavitud empiezo mi Monarquía.	2110

JAIME	Lamentándolo mucho en la obra original de Solís no había una pareja homosexual.

LUCINDO	Y yo doy la zurda a Julia, y la derecha a Camila.

IRENE	En nuestra versión sí. Porque también existían.

JULIA	Y todos juntos a una voz repitan, victoria por amor de sus caricias.	2115

VÍCTOR   Lo sentimos mucho por haberos hecho creer algo falso esta tarde.
Esperamos que no os vuelva a ocurrir más.

MELISSA   Y que cuando nos cuenten algo, tengamos estos cinco minutos más.
Para descubrir la verdad.

IRENE   Así es como terminaba Solís la comedia famosa de *Las Amazonas*:

(Cogen el libro intonso y leen)

CORO   Vivan los hombres, las mujeres vivan.

Esta primera edición de *las amazonas*,
de Noelia Pérez, terminó de imprimirse
en octubre de dos mil veinticuatro,
en Madrid.